The Institute for Horserace

# 競馬○研究所 3

# プロが勝負する
# 厳選ダートコースガイド

JN217781

亀谷敬正 監修

競馬研究所 著

GUIDEWORKS

## まえがき

# プロが本当に儲けている コースだけを厳選した一冊!!

本書は革命的な一冊である。

類書はない。唯一無二にして史上初──。

　スポットを当てているのは、JRAで開催されるレースの舞台となるコース。要するに〝コース本〟だ。しかし、巷にあふれている一般的なコース本とは、ページ構成において一線を画している。「名実ともに抜きん出た、業界を代表するプロ馬券師たちが、読者やユーザーの前で実際に儲けたことを証明したコース」しか載っていない。

　本書の監修者であり、馬券術〝血統ビーム〟を武器に競馬予想界に大きな影響を与え続けている亀谷敬正の推奨馬（亀SP）、毎年1000万単位のプラス収支を達成していることで知られる〝ローテの錬金術師〟双馬毅の本命馬は、ともに推奨コースでプラス収支を計上している。（※集計期間：2015年9月〜2017年10月）

　そして、netkeiba.comにて月間回収率トップ回数、プラス回収回数ともに1位を記録し、netkeiba最強の予想家の座に君臨する〝トラックバイアス分析のプロ〟馬場虎太郎も、亀谷、双馬がプラス収支を記録したコースの傾向を重視している。

　掲載されているなかには、上位人気馬がバンバン消え、世間的にノーマークの人気薄が頻繁に穴をあけるコースも多く含まれるのだが、

## 血統ビームの
# 亀谷敬正 **TAKAMASA KAMETANI**

学生時代に『競馬王』誌上でデビューして以来、競馬予想界の革命児として「血統ビーム」をはじめ、常に斬新な発想や分析で、競馬ファン・評論家に衝撃と影響を与え続けている。著書に『血統ビーム 黄金ガイド』『馬券特効薬』（小社刊）、『重賞ビーム』（KADOKAWA／エンターブレイン刊）などがある。出演中のTV番組「競馬血統研究所」「競馬予想TV!」には企画段階から参加。スポーツニッポンにも寄稿。「競馬研究所」「亀谷敬正ホームページ」「コンビニプリント」にも参加中。

## ローテの錬金術師
# 双馬毅 **TSUYOSHI SOUMA**

08年春から某キャッシングの5万円を原資に馬券生活をスタートし、ここ数年は1000万単位で勝つ年もザラとなっている。今井雅宏、亀谷敬正の熱心な読者でもあり、「彼らの理論を読めば、年に2000万は楽に勝てる」を実証した人物でもある。著書に『本当に1億円的中した! 双馬式【馬場・コース】ガイド』『2万円を競馬で1千万円にできる人・できない人』（KKベストセラーズ刊）などがある。

http://ameblo.jp/batubatu-soma/

## トラックバイアス分析のプロ
# 馬場虎太郎 **KOTAROU baba**

トラックバイアス分析のプロフェッショナル。「パトロールビデオ」と綿密な「データ分析」によって導き出される「トラックバイアスの不利」を受けた馬は、次走以降穴馬券を量産する。年間収支1000万円以上を至上命令とする、プロ馬券師養成所「虎の穴」出身。netkeiba.comの「ウマい馬券」にて月間回収率トップ回数、プラス回収回数ともに1位を記録し、年間トータルの回収率も2年連続でプラス収支とした。

## 血統、ローテーション、トラックバイアスのスペシャリストがわかりやすく解説!!

彼らは「なぜそのような現象が起こるのか？」を知っている。

　亀谷、双馬、馬場。勝利のみを追求する競馬情報サイト『競馬研究所』に所属する競馬研究のエキスパートたちが〝儲かるコース〟について語り尽くす———。本書はまさに「プロが本当に儲けているコースだけを厳選した」一冊なのだ。

## 構造的裏付けがないデータは信じるな!!<br>勝つためには、コースの構造を理解せよ!!

「コースごとにプラスを計上しているデータを載せている」のではなく、「このコースはなぜプラスになるのか」に言及している点が本書の大きな特徴で、ページ構成だけでなく、コースデータおよび解説も一線を画する。

　一般的なコース本は、枠順や騎手などの過去データの一覧を貼り付け、数字的に強調できる条件を狙い目として推奨するスタイルをとっている。

　しかし、過去データではプラスだったはずの条件を買ってもほぼ勝てない。

　なぜか？

　再現性に乏しいパターンが多々含まれているからだ。たまたま、過去に良績を残していた表面だけのデータには、「競馬の構造」を裏付けるものがない。

　例えば、Aというコースにおいて、1枠は過去5年間で回収率112％を記録していたとする。同様に、ルメール騎手は回収率121％、キングカメハメハ産駒は回収率104％だったとしよう。

このデータを見て、多くの競馬ファンは「コースAで行われるレースで、1枠に入ったルメール騎乗のキンカメ産駒は激アツ！」という誤った解釈をしてしまう。一般的なデータ本は、「回収率100％を超えている条件を買いましょう」と主張しているためだ。

　正直、それは乱暴すぎる。過去の回収率が良くても、1枠の馬やキンカメ産駒がそのコースで走る「構造的裏付け」がない限り、以後は1枠やキンカメ産駒がマイナスになる可能性のほうが高い。

　競馬で勝つためには、それぞれのコースが持つ構造、傾向、際立ったクセを理解することが重要。データはそれを裏付ける材料なのだ。『競馬研究所』に所属する研究者たちは、一般ファンには入手できない独自のデータを持っている。さらに「期待値の高いパターン」を見抜く分析力にも長けている。だから、実際の予想、馬券でプラス収支を実現させているのだ。彼らは、コースが持つ構造、傾向、際立ったクセを理解していることを結果で証明している。

　本書は、『競馬研究所』の研究者たちがオリジナルの予想ツールを使い、サイト上でプラス収支を継続的に計上しているデータを厳選掲載。その使い方を解説したコース本である。データ本ではない。必勝本でもない。彼らが実際に大金を勝ち取りながらつかんだ「コース・馬場の傾向」を読み解くヒントが詰め込まれた解説書なのだ。

　なお、当初はダートと芝を合わせて1冊にまとめる予定だったが、「勝てる情報」を徹底的に詰め込んでいくとページ数が膨れ上がってしまうことが判明したため、読者の皆さんの使い勝手の良さを重視し、ダート編（パート1）と芝編（パート2）の二部構成でリリースする運びとなった。

## 馬場の変化、傾向の変化まで読めるのが本当に〝使える〟コース本

　競馬という競技を行うコースは、コンディションを一定に保つことが不可能。ある意味、生きものだ。ゆえに、コースの傾向というものは日々変化する。「今日はこの馬が来る」とピンポイントで当てることは難しい。

　しかし、「今日はこういうタイプの馬が来る」と網を張って買うスタンスをとれば、大物を引っ掛けやすい。

　コース・馬場の傾向をつかめれば、勝利をグッとたぐり寄せることができる。言い方を変えると、コース・馬場の傾向を把握せずして、プラスを勝ち取ることはままならない、ということである。

　彼らはもちろん、そのことも熟知している。


　本書の監修を務める亀谷敬正は語る。


「コース・馬場の特徴や傾向を理解することが勝つために必要なのは間違いないですし、コース本の需要があることも理解していました。ただ、既存のコース本と同じような内容のものを作っても意味がありません。やるならば、本当に〝使える〟本にしたかったのです。そして、競馬の醍醐味である『要求される能力の方向性が変わる』面白みや感動体験（笑）を共有できる本にしたいという思いもありました。

　馬の能力の方向性。そしてコースや馬場によって変わる要求される能力の方向性や特徴、傾向の違いを読むこと。それを的中に結び付ける楽しみ。こういったことを、本書を通じて味わっていただければと思っています」

前置きはここまでにして、早速ページを開いていっていただきたい。ＧＩが行われるコースが網羅されているわけではない。ディープインパクト産駒やC.ルメール、M.デムーロ騎乗馬が走りまくるコースもほとんど掲載されていない。

　儲からないコースを軽視し、儲かるコースに重点を置かれたページ構成に、まずは驚かれると思う。

　そして、本書に記されている内容を吸収したあとに、さらなる衝撃が待ち受けているはず。競馬を見る目が明らかに変わった自分、生まれ変わった自分に、おそらく気付くことになるからだ。

　『競馬研究所』本シリーズの愛好家は、すでにその衝撃を経験済みのはずなので、本書が過去の衝撃を懐かしく振り返るきっかけになるだろう。

　まずはこのダート編を通して、ダート馬券攻略のスペシャリストになっていただきたい。

2018年1月　競馬研究所

## 掲載データについて

- ●人気データ：人気ランクとは、全競馬新聞のデータなどから当日の予想オッズを予測しランク化したもの。A〜Eの5段階で評価。人気ランクAは当日ほぼ1人気になる馬で、ランクが下がるほど当日のオッズも下がる。人気ランクAは95％の馬が当日1人気で平均複勝率は75％。人気ランクEは90％以上が当日人気10番人気以下、複勝7倍以上の人気薄。

- ●ローテーションデータ：前走の使用距離と今走の使用距離を比較し、今回の方が長ければ「距離延長」、短かければ「距離短縮」となる。

- ●トラックバイアスデータ：馬場虎太郎がレース内容から判定。「コース取り」は内外の有利を、「位置取り」は前・差しの有利を表し、各コースでどの有利が発生しやすいかがわかる。

- ●国分類データ：米国型はテンから飛ばしての持続力勝負、ダート適性が強く問われる競走での主流血脈、日本型はＳＳ産駒と高速馬場誕生以降の日本の芝中距離競走での主流血脈、欧州型は凱旋門賞に代表される欧州の芝長距離競走での主流血脈。

- ●出現率上位データ：該当コースでの3着内数順に並べ、父は上位7種牡馬を、母父は上位3種牡馬を掲載。

# 目　次

# ダートで儲けるための心得

## 実はとても重要な「砂をかぶる」影響

「砂をかぶって大きくパフォーマンスを下げる」のは、芝のレースになくて、ダートのレースにある独特の「敗因」です。

　特に、外枠から砂をかぶせられて惨敗するパターンの発生率が高いのは1、2番ゲート。データ1はサイト「競馬放送局」で、ダートのレースを亀SP（推奨レース）に選び、亀SPではなかった「単勝5倍以内」で「1、2番ゲートだった馬」の成績です。単勝回収率、複勝回収率、勝率、複勝率は「単勝5倍以内」の標準値を大きく下回る、最悪の成績になっています。

　CSフジTVで放映されている「競馬血統研究所」では、レースを選んで馬券を購入しています。選択レースは「競馬放送局」で亀SPに指定しているレースがほとんど。単行本「競馬研究所2」でも取り上げたように、馬券で大きく儲けるためには、危険な人気馬を消すことが重要だからです。

　そして「競馬血統研究所」でも「競馬放送局」で公開している予想でも、ダートのレースを勝負レースに選ぶ際には「砂をかぶって消えそうな人気馬」が出ているレースを選ぶことが多いのです。

## 米国の血が薄い馬は砂をかぶって消える

　血統は「イベントに対応する本能」の傾向を示すツール。だから、馬券において有効なツールとなります。

「砂をかぶる」イベントへの傾向も血統が威力を発揮します。

データ1 亀SP対象レースにおける
1、2番ゲート、単勝5倍以内、非亀SPの馬

| | 着別度数 | 勝率 | 連対率 | 複勝率 | 単回値 | 複回値 |
|---|---|---|---|---|---|---|
| **1、2番ゲートで非亀SP** | 11-14-7-34/66 | 17% | 38% | 49% | 45 | 68 |

集計期間2017年1月〜12月28日

データ2 ダート戦、1、2番ゲートで単勝5倍以内の馬

| | 着別度数 | 勝率 | 連対率 | 複勝率 | 単回値 | 複回値 |
|---|---|---|---|---|---|---|
| **米国あり** | 235-130-133-348/846 | 28% | 43% | 59% | 81 | 83 |
| **米国なし** | 98-82-58-217/455 | 22% | 40% | 52% | 61 | 73 |

集計期間2015年1月〜2017年12月末

　データ2は「1、2番ゲート」で「単勝5倍以内の人気馬」の成績ですが、父も母父も「非米国型」の血統馬は砂をかぶりやすい1、2番ゲートを引くと人気を裏切る傾向が強いことを示します。

　ダートの本場、米国の競馬は「コーナーを速く回る能力」と「砂をかぶっても怯まない能力」が問われる競馬。コーナーで内を回るのは外よりも「コーナーの加速能力」も問われますし「砂をかぶる耐性」も問われます。

　米国血統の血を持つ馬は1、2番ゲートをアドバンテージに変えることも多いのですが、米国血統を父にも母父にも持たない馬は「コーナーの加速能力」も「砂をかぶる耐性」も持ち合わせていない馬が出やすいため、人気で消えることが多いのです。

　データ3は「1、2番ゲート」で「単勝5倍以内の人気馬」のダートでの「騎手別成績」です。関東1位の戸崎でも、関西1位のルメールでも1、2番ゲートの回収率は標準値以下。人気を裏切る結果になっています。一流騎手でも、砂をかぶって嫌がる馬を走らせることは難しいからこそ、1、2番ゲートで人気を裏切る騎手が多いのです。

データ3 ダート戦、1、2番ゲートで単勝5倍以内の騎手別成績

| 騎手 | 着別度数 | 単回値 | 複回値 | 騎手 | 着別度数 | 単回値 | 複回値 |
|---|---|---|---|---|---|---|---|
| 戸崎圭太 | 16-12-15-35/78 | 51 | 76 | 藤岡康太 | 7-5-3-14/29 | 67 | 72 |
| ルメール | 17-11-14-27/69 | 61 | 84 | 横山典弘 | 8-5-2-13/28 | 83 | 73 |
| M.デムーロ | 18-10-10-23/61 | 81 | 85 | 蛯名正義 | 6-2-1-19/28 | 56 | 43 |
| 川田将雅 | 13-16-7-20/56 | 72 | 89 | 幸英明 | 8-6-5-8/27 | 88 | 94 |
| 岩田康誠 | 9-8-11-22/50 | 48 | 83 | 松山弘平 | 6-6-2-11/25 | 65 | 76 |
| 福永祐一 | 15-12-7-16/50 | 82 | 94 | 田辺裕信 | 7-5-2-11/25 | 79 | 78 |
| 武豊 | 9-9-3-25/46 | 56 | 63 | 池添謙一 | 6-3-2-10/21 | 77 | 68 |
| 和田竜二 | 11-7-12-15/45 | 75 | 96 | 吉田隼人 | 10-0-0-11/21 | 118 | 61 |
| 浜中俊 | 13-4-4-21/42 | 84 | 70 | 松若風馬 | 5-4-3-8/20 | 68 | 80 |
| 内田博幸 | 11-1-6-14/32 | 93 | 82 | 三浦皇成 | 7-2-1-10/20 | 96 | 70 |

集計期間2015年1月〜2017年12月末

## 砂をかぶって凡走した馬の巻き返しを狙う

「砂をかぶって着順が悪かった馬」は、次走でおいしい馬券を演出することも多々あります。

　砂をかぶって凡走した馬は、本来の能力よりも着順の悪さだけで不当に人気を下げる馬が多いからです。


　前走内枠で砂をかぶって惨敗
　↓
　今回外枠


　このパターンでおいしい馬券が多々取れるのも「ダート競馬ならでは」の魅力。もちろん本書に書かれているコース別の狙い目パターンにも該当するようであれば期待値はさらに上がります。

　このパターンでは、たくさんおいしい馬券を当て続けているので、本書を制作している最近の記憶でも実例はいくらでもあります（笑）。

有馬記念が行われた2017年12月24日も勝負は有馬記念……のわけはなく（笑）、中山ダート1200ｍ。

　中山7レースは競馬放送局で公開している勝負レースに指定。本命は6番人気のアースヴィグラスでした。父はダート1200ｍの名血サウスヴィグラス。前走は2番ゲートで5着。今回は外枠。加えて鞍上も2度目の騎乗で当コースも前走に続いて出走。パフォーマンスを上げる可能性が高い馬だったのです。

　ただし、このレースを勝負レースに選んだのはアースヴィグラスがパフォーマンスを上げる可能性が高いから、だけではありません。2、3番人気が予想された（当日も2、3番人気だった）ヒカリトップメモリとオンリートゥモローが危険な人気馬だからというのも重要なポイントでした。

　ヒカリトップメモリは父がハービンジャー。欧州血統でダート短距離には実績のない血統。加えて今回は1番ゲート。芝血統は内枠に入れば消える可能性はさらに上がります。

　オンリートゥモローも父が芝血統のディープインパクト。前走は中京ダート1400ｍの外枠。今回も外枠ですが、前走よりも米国血統が走りやすい中山ダート1200ｍ。前走の勝ち馬はハーツクライ産駒だったように、芝の要素が強い馬場での好走は信頼できません。

　人気馬2頭が危険とあれば参加する意義があります。対抗に選んだのは勝ち馬で1番人気のシャインヴィットゥ。有馬記念の観戦料（ハズレ馬券）を余裕で稼ぐことができたレースでした。


　そして4日後の12月28日も、「内で惨敗」→「外で巻き返し」の馬を狙って年を締めくくることができました。

　阪神2レースは競馬放送局で公開している勝負レースに指定。本命は単勝20倍で勝利したブルベアブロッコリでした。

　ブルベアブロッコリの前走は1800mの3番ゲート。父が米国血統の
バトルプランで母系にもストームキャットを持つスピード馬。前走は
距離を考えて控える競馬をせざるを得なかったのですが、バトルプラ
ンの父エンパイアメーカーの産駒は、米国型の中でも砂をかぶると戦
意喪失する馬が多いのも特徴です。今回は1400mでブリンカー。スタ
ミナを温存せずに思い切った先行策を取ることが予想できました。

　エンパイアメーカーの血を引く馬は、砂をかぶって惨敗する馬が多
い代わりに、砂をかぶらなければ一変する傾向を持つ血統。ここは絶
好の狙い所でした。

　ブルベアブロッコリが単勝20倍で出走してくれるだけでもおいしい
レースなのですが、1番人気のスマートアルタイルが距離延長に加え
て内の奇数枠（5番）で出走して危険だったことで当レースの期待値
はさらに上昇。予想通り、1、2番人気は4着以下に沈み、ブルベアブ
ロッコリからの好配当（11万馬券）を的中することができました。

　このように、コースの知識に加え「砂をかぶってパフォーマンスを
下げる」ことも意識すれば、さらにダート競馬でおいしい馬券を獲得
する機会、金額は増えることでしょう。

## 『競馬研究所2』と併用すればもっと儲かる!!

危険な1番人気馬を探すことが予想手順の第一段階であることを忘れずに!!

**STEP①**　　『競馬研究所2』を参考に危険な1番人気馬を探す

**STEP②**　　①の該当馬がダートレースに出走していたら
　　　　　　本書を開き、穴馬を探す

**STEP③**　　1番人気馬が本書のポイントと真逆の馬だったら
　　　　　　超激アツ!!

| | | | | | |
|---|---|---|---|---|---|
| アーネストリー | 欧 | 欧州型(その他) | キングカメハメハ | 欧 | 欧州型ミスプロ系 |
| アイルハヴアナザー | 米 | 米国型ミスプロ系 | キングズベスト | 欧 | 欧州型ミスプロ系 |
| アグネスタキオン | 日 | 日本型サンデー系 | キングヘイロー | 欧 | 欧州型ノーザンダンサー系 |
| アグネスデジタル | 米 | 米国型ミスプロ系 | キンシャサノキセキ | 日 | 日本型サンデー系 |
| アサクサキングス | 欧 | 欧州型ノーザンダンサー系 | グラスワンダー | 欧 | 欧州型(その他) |
| アッミラーレ | 日 | 日本型サンデー系 | クリストワイニング | 米 | 米国型ミスプロ系 |
| アドマイヤオーラ | 日 | 日本型サンデー系 | クロフネ | 米 | 米国型ノーザンダンサー系 |
| アドマイヤコジーン | 欧 | 欧州型ナスルーラ系 | ケイムホーム | 米 | 米国型ミスプロ系 |
| アドマイヤマックス | 日 | 日本型サンデー系 | ゴールドアリュール | 日 | 日本型サンデー系 |
| アドマイヤムーン | 日 | 日本型(その他) | ゴールドヘイロー | 日 | 日本型サンデー系 |
| アポロキングダム | 米 | 米国型ミスプロ系 | コマンズ | 欧 | 欧州型ノーザンダンサー系 |
| アルデバランⅡ | 米 | 米国型ミスプロ系 | コンデュイット | 欧 | 欧州型ナスルーラ系 |
| アンライバルド | 日 | 日本型サンデー系 | サウスヴィグラス | 米 | 米国型ミスプロ系 |
| ヴァーミリアン | 欧 | 欧州型ミスプロ系 | サクラバクシンオー | 日 | 日本型(その他) |
| ヴィクトワールピサ | 日 | 日本型サンデー系 | サクラプレジデント | 日 | 日本型サンデー系 |
| ウォーエンブレム | 米 | 米国型ミスプロ系 | サマーバード | 米 | 米国型ミスプロ系 |
| ウォーターリーグ | 米 | 米国型ノーザンダンサー系 | サムライハート | 日 | 日本型サンデー系 |
| エイシンアポロン | 欧 | 欧州型ノーザンダンサー系 | サンライズペガサス | 日 | 日本型サンデー系 |
| エイシンフラッシュ | 欧 | 欧州型ミスプロ系 | シニスターミニスター | 米 | 米国型ナスルーラ系 |
| エスポワールシチー | 日 | 日本型サンデー系 | ジャイアントレッカー | 米 | 米国型ノーザンダンサー系 |
| エンパイアメーカー | 米 | 米国型ミスプロ系 | ジャングルポケット | 欧 | 欧州型ナスルーラ系 |
| オウケンブルースリ | 欧 | 欧州型ナスルーラ系 | ショウナンカンプ | 日 | 日本型(その他) |
| オルフェーヴル | 日 | 日本型サンデー系 | ジョーカプチーノ | 日 | 日本型サンデー系 |
| オレハマッテルゼ | 日 | 日本型サンデー系 | シンボリクリスエス | 欧 | 欧州型(その他) |
| カジノドライヴ | 米 | 米国型ナスルーラ系 | スウィフトカレント | 日 | 日本型サンデー系 |
| カネヒキリ | 日 | 日本型サンデー系 | スウェプトオーヴァーボード | 米 | 米国型ミスプロ系 |
| カリズマティック | 米 | 米国型ノーザンダンサー系 | スクリーンヒーロー | 欧 | 欧州型(その他) |
| カンパニー | 欧 | 欧州型ナスルーラ系 | スクワートルスクワート | 米 | 米国型ミスプロ系 |
| キャプテンスティーヴ | 米 | 米国型(その他) | スズカコーズウェイ | 米 | 米国型ノーザンダンサー系 |
| キャプテントゥーレ | 日 | 日本型サンデー系 | スズカフェニックス | 日 | 日本型サンデー系 |

| | | | | | |
|---|---|---|---|---|---|
| スズカマンボ | 日 | 日本型サンデー系 | ハーツクライ | 日 | 日本型サンデー系 |
| スターリングローズ | 米 | 米国型ミスプロ系 | ハードスパン | 米 | 米国型ノーザンダンサー系 |
| スタチューオブリバティ | 米 | 米国型ノーザンダンサー系 | ハービンジャー | 欧 | 欧州型ノーザンダンサー系 |
| ステイゴールド | 日 | 日本型サンデー系 | ハイアーゲーム | 日 | 日本型サンデー系 |
| ストーミングホーム | 欧 | 欧州型ミスプロ系 | パイロ | 米 | 米国型ナスルーラ系 |
| ストリートセンス | 米 | 米国型ミスプロ系 | バゴ | 欧 | 欧州型ナスルーラ系 |
| ストロングリターン | 欧 | 欧州型(その他) | バトルプラン | 米 | 米国型ミスプロ系 |
| スニッツェル | 欧 | 欧州型ノーザンダンサー系 | バンブーエール | 米 | 米国型ミスプロ系 |
| スパイキュール | 日 | 日本型サンデー系 | ファスリエフ | 米 | 米国型ノーザンダンサー系 |
| スペシャルウィーク | 日 | 日本型サンデー系 | ファルブラヴ | 欧 | 欧州型ノーザンダンサー系 |
| スマートファルコン | 日 | 日本型サンデー系 | フォーティナイナーズサン | 米 | 米国型ミスプロ系 |
| ゼンノロブロイ | 日 | 日本型サンデー系 | フサイチリシャール | 米 | 米国型ノーザンダンサー系 |
| ソングオブウインド | 欧 | 欧州型ミスプロ系 | フジキセキ | 日 | 日本型サンデー系 |
| タートルボウル | 欧 | 欧州型ノーザンダンサー系 | ブライアンズタイム | 欧 | 欧州型(その他) |
| タイキシャトル | 米 | 米国型(その他) | ブラックタイド | 日 | 日本型サンデー系 |
| タイムパラドックス | 欧 | 欧州型(その他) | ブラックタキシード | 日 | 日本型サンデー系 |
| ダイワメジャー | 日 | 日本型サンデー系 | フリオーソ | 欧 | 欧州型(その他) |
| タニノギムレット | 欧 | 欧州型(その他) | プリサイスエンド | 米 | 米国型ミスプロ系 |
| ダノンシャンティ | 日 | 日本型サンデー系 | ブレイクランアウト | 米 | 米国型ミスプロ系 |
| ダンスインザダーク | 日 | 日本型サンデー系 | フレンチデビュティ | 米 | 米国型ノーザンダンサー系 |
| チチカステナンゴ | 欧 | 欧州型ナスルーラ系 | ベーカバド | 欧 | 欧州型ノーザンダンサー系 |
| ディープインパクト | 日 | 日本型サンデー系 | ヘニーヒューズ | 米 | 米国型ノーザンダンサー系 |
| ディープスカイ | 日 | 日本型サンデー系 | ホワイトマズル | 欧 | 欧州型ノーザンダンサー系 |
| ディープブリランテ | 日 | 日本型サンデー系 | マーベラスサンデー | 日 | 日本型サンデー系 |
| テイエムオペラオー | 欧 | 欧州型ノーザンダンサー系 | マイネルセレクト | 米 | 米国型ミスプロ系 |
| デュランダル | 日 | 日本型サンデー系 | マイネルラヴ | 欧 | 欧州型ミスプロ系 |
| トーセンブライト | 欧 | 欧州型(その他) | マツリダゴッホ | 日 | 日本型サンデー系 |
| トーセンホマレボシ | 日 | 日本型サンデー系 | マヤノトップガン | 欧 | 欧州型(その他) |
| トビーズコーナー | 米 | 米国型ノーザンダンサー系 | マルカシェンク | 日 | 日本型サンデー系 |
| トランセンド | 米 | 米国型(その他) | マンハッタンカフェ | 日 | 日本型サンデー系 |
| ドリームジャーニー | 日 | 日本型サンデー系 | ミリオンディスク | 米 | 米国型ミスプロ系 |
| ナカヤマフェスタ | 日 | 日本型サンデー系 | メイショウサムソン | 欧 | 欧州型ノーザンダンサー系 |
| ネオユニヴァース | 日 | 日本型サンデー系 | メイショウボーラー | 米 | 米国型(その他) |
| ノヴェリスト | 欧 | 欧州型(その他) | モンテロッソ | 欧 | 欧州型ミスプロ系 |
| ノボジャック | 米 | 米国型ノーザンダンサー系 | ヨハネスブルグ | 米 | 米国型ノーザンダンサー系 |
| パーソナルラッシュ | 米 | 米国型(その他) | リーチザクラウン | 日 | 日本型サンデー系 |

| ルーラーシップ | 欧 | 欧州型ミスプロ系 |
|---|---|---|
| ローエングリン | 欧 | 欧州型ノーザンダンサー系 |
| ロージズインメイ | 米 | 米国型(その他) |
| ローズキングダム | 欧 | 欧州型ミスプロ系 |
| ロードアルティマ | 米 | 米国型ミスプロ系 |
| ロードカナロア | 欧 | 欧州型ミスプロ系 |
| ローレルゲレイロ | 欧 | 欧州型ノーザンダンサー系 |
| ワークフォース | 欧 | 欧州型ミスプロ系 |
| ワイルドラッシュ | 米 | 米国型(その他) |

| ワイルドワンダー | 欧 | 欧州型(その他) |
|---|---|---|
| Bernardini | 米 | 米国型ナスルーラ系 |
| Distorted Humor | 米 | 米国型ミスプロ系 |
| Lemon Drop Kid | 米 | 米国型ミスプロ系 |
| Shackleford | 米 | 米国型ノーザンダンサー系 |
| Smart Strike | 米 | 米国型ミスプロ系 |
| Speightstown | 米 | 米国型ミスプロ系 |
| Tapit | 米 | 米国型ナスルーラ系 |

# 延長を苦にしない血統

## 距離延長が得意な種牡馬 (50音順)

| | | |
|---|---|---|
| ウォーエンブレム | チーフベアハート | ハービンジャー |
| オレハマッテルゼ | チチカステナンゴ | フォーティナイナーズサン |
| キャプテンスティーヴ | ディープスカイ | マリエンバード |
| コンデュイット | ネオユニヴァース | メイショウサムソン |
| スズカマンボ | ハーツクライ | ワークフォース |

## 距離延長が得意な母父 (50音順)

| | | |
|---|---|---|
| アサティス | コマンダーインチーフ | マーケトリー |
| エルコレドール | スキャターザゴールド | ミシル |
| エルコンドルパサー | フォレストリー | メジロマックイーン |
| オジジアン | フサイチペガサス | モンズン |
| クロコルージュ | ホワイトマズル | |

## 距離延長が得意な血 (アルファベット順)

| | | |
|---|---|---|
| Affirmed | Damascus | Silver Hawk |
| Chief's Crown | | |

# 東京競馬場

## TOKYO RACECOURSE

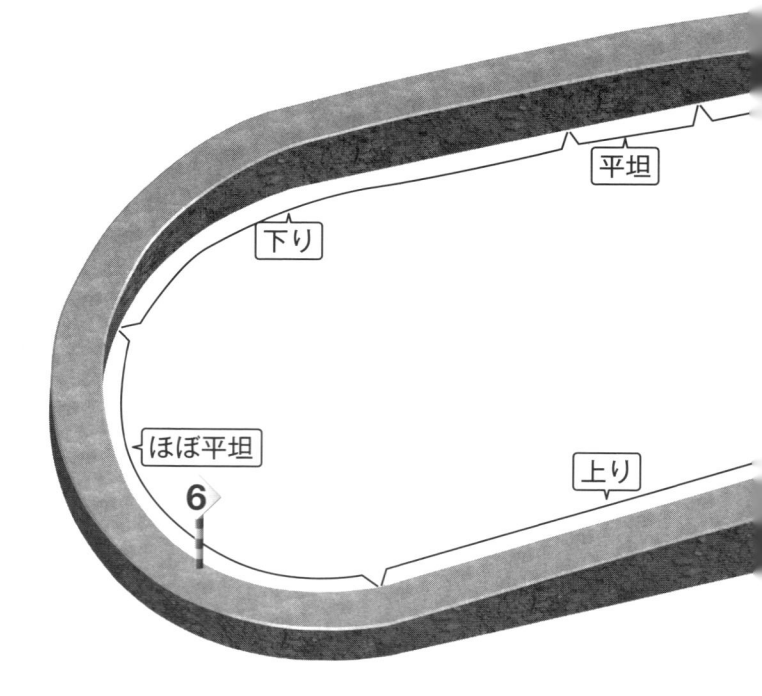

平坦

下り

ほぼ平坦

6

上り

## 「直線が長い＝差しが届く」は大間違い！

　日本一直線の長いコースだが、騎手はそのことが頭にあるので、坂上まで仕掛けないケースが目立つ。よって、追い比べになるのは正味250m程度になりやすい。しかも、坂を登りきったあとは平坦なので、前が簡単に止まらない。直線が長いからといって差しが届きやすいわけではない。その認識を持つこ

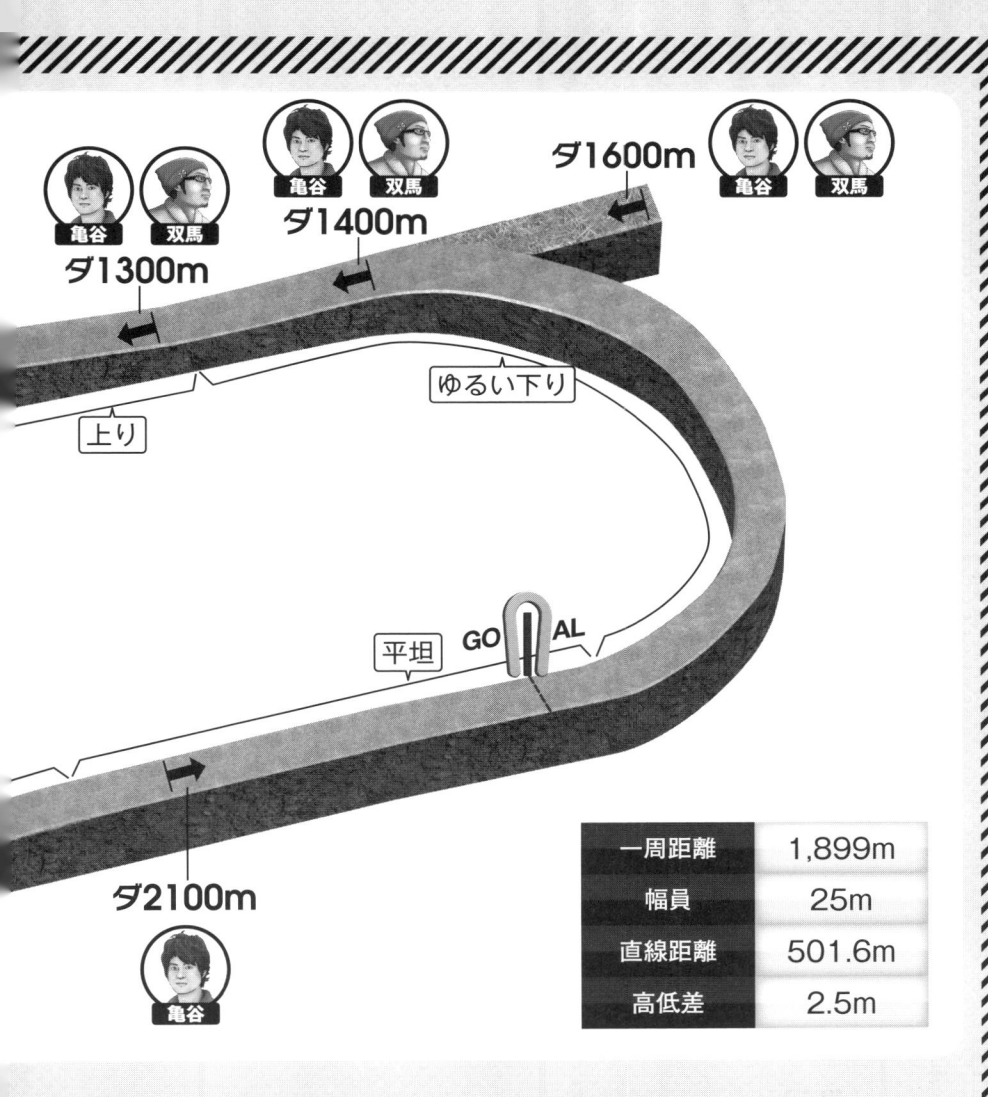

ダ1300m 亀谷 双馬
ダ1400m 亀谷 双馬
ダ1600m 亀谷 双馬
ダ2100m 亀谷

上り
ゆるい下り
平坦
GOAL

| 一周距離 | 1,899m |
|---|---|
| 幅員 | 25m |
| 直線距離 | 501.6m |
| 高低差 | 2.5m |

とが重要だ。砂質は年間を通して軽く、最も馬場管理が行き届いている印象。ただし、散水できない冬場だけは例外で、春や秋に比べ馬場は重くなりがち。雨が降って馬場が極端に軽くなったときは、内がものすごく伸びるパターンと、ひたすら速い上がりの決着になるパターンと2つのトラックバイアスが出現する。

COURSE DATA

# 東京ダ1300m

tokyo dirt_1300m

集計期間:2014年～2017年11月26日(人気データ、トラックバイアスデータのみ2017年11月19日まで)

## 人気データ

| 人気ランク | 着別度数 | 勝率 | 連対率 | 複勝率 | 単回値 | 複回値 |
|---|---|---|---|---|---|---|
| A | 14-7-9-9/39 | 36% | 54% | 77% | 70 | 91 |
| B | 55-29-22-74/180 | 31% | 47% | 59% | 103 | 89 |
| C | 31-40-32-206/309 | 10% | 23% | 33% | 76 | 74 |
| D | 17-39-39-585/680 | 3% | 8% | 14% | 72 | 72 |
| E | 5-5-19-669/698 | 1% | 1% | 4% | 44 | 58 |

| 人気ランク | レース的中率 | 回収値 |
|---|---|---|
| 人気ランクA－Cのワイドボックス | 74.4% | 81.6 |
| 人気ランクA－Cの馬連ボックス | 49.6% | 82.2 |

## ローテーションデータ

| ローテーション | 着別度数 | 勝率 | 連対率 | 複勝率 | 単回値 | 複回値 |
|---|---|---|---|---|---|---|
| 距離延長 | 62-57-51-758/928 | 7% | 13% | 18% | 79 | 66 |
| 同距離 | 19-17-23-159/218 | 9% | 17% | 27% | 88 | 74 |
| 距離短縮 | 33-38-39-496/606 | 5% | 12% | 18% | 35 | 75 |

## トラックバイアスデータ

| | レース数 | 超外 | 外 | 超内 | 内 | なし |
|---|---|---|---|---|---|---|
| コース取り | 122 | 4% | 9% | 3% | 4% | 80% |

| | レース数 | 超差し | 差し | 超前 | 前 | なし |
|---|---|---|---|---|---|---|
| 位置取り | 122 | 0% | 26% | 0% | 3% | 71% |

## 父の国分類データ

| 国分類 | 着別度数 | 勝率 | 連対率 | 複勝率 | 単回値 | 複回値 |
|---|---|---|---|---|---|---|
| 米国 | 62-54-53-701/870 | 7% | 13% | 19% | 74 | 74 |
| 日本 | 37-38-42-496/613 | 6% | 12% | 19% | 60 | 64 |
| 欧州 | 23-28-26-346/423 | 5% | 12% | 18% | 54 | 66 |

## 父×母父の国分類データ

| 父×母父の国分類 | 着別度数 | 勝率 | 連対率 | 複勝率 | 単回値 | 複回値 |
|---|---|---|---|---|---|---|
| 米国 × 米国 | 32-24-19-222/297 | 11% | 19% | 25% | 78 | 75 |
| 米国 × 日本 | 17-17-9-215/258 | 7% | 13% | 17% | 48 | 65 |
| 米国 × 欧州 | 13-13-25-264/315 | 4% | 8% | 16% | 93 | 81 |
| 日本 × 米国 | 20-18-13-223/274 | 7% | 14% | 19% | 62 | 57 |
| 日本 × 日本 | 5-3-5-40/53 | 9% | 15% | 25% | 175 | 146 |
| 日本 × 欧州 | 12-17-24-233/286 | 4% | 10% | 19% | 38 | 56 |
| 欧州 × 米国 | 8-13-5-113/139 | 6% | 15% | 19% | 80 | 61 |
| 欧州 × 日本 | 10-8-13-129/160 | 6% | 11% | 19% | 38 | 72 |
| 欧州 × 欧州 | 5-7-8-104/124 | 4% | 10% | 16% | 44 | 64 |

## 父 出現率上位データ

| 父 | | 着別度数 | 勝率 | 連対率 | 複勝率 | 単回値 | 複回値 |
|---|---|---|---|---|---|---|---|
| サウスヴィグラス | 米 | 6-6-9-87/108 | 6% | 11% | 19% | 47 | 71 |
| ファスリエフ | 米 | 8-2-6-39/55 | 15% | 18% | 29% | 199 | 142 |
| プリサイスエンド | 米 | 6-5-3-31/45 | 13% | 24% | 31% | 273 | 116 |
| スウェプトオーヴァーボード | 米 | 4-5-3-34/46 | 9% | 20% | 26% | 42 | 53 |
| ダイワメジャー | 日 | 4-4-4-34/46 | 9% | 17% | 26% | 162 | 100 |
| キンシャサノキセキ | 日 | 3-7-2-35/47 | 6% | 21% | 26% | 27 | 48 |
| パイロ | 米 | 5-2-4-28/39 | 13% | 18% | 28% | 177 | 101 |

## 母父 出現率上位データ

| 母父 | | 着別度数 | 勝率 | 連対率 | 複勝率 | 単回値 | 複回値 |
|---|---|---|---|---|---|---|---|
| サンデーサイレンス | 日 | 6-7-1-66/80 | 8% | 16% | 18% | 26 | 58 |
| サクラバクシンオー | 日 | 6-1-6-31/44 | 14% | 16% | 30% | 152 | 92 |
| フレンチデビュティ | 米 | 5-5-2-37/49 | 10% | 20% | 25% | 86 | 50 |

## 血統ビーム
# 亀谷敬正の見解

## 千三という距離と、長い直線という 他にはないコースだけに、傾向にもクセがある

　このコースは、100m違いの東京ダート1400mよりは順当に決まりやすいコースで、人気ランクA、Bといった上位人気馬の信頼度も高いです。とはいえ、千三で直線の長いダートというのはクセが強いコースですから、傾向にも当然クセがあります。

　人気ランクA、Bの信頼度は高いものの、前走千二を3番手以内の先行策で押し切ったようなスピード持続一辺倒のタイプは信用できません。東京ですので末脚がしっかりしていることが大事。速い上がりの脚を使って差せるタイプでないと通用しないと認識してください。距離短縮のほうが有利で、穴馬の期待値も高いです。

　注意すべきは、同じ差し馬でも「テンの速いレースで前の馬がバテたところを差した馬」を評価できないということ。前傾ラップでバテたところを差してくるタイプではなく、スプリント戦の流れにも乗れて速い上がりも使える馬を買いたいです。

　血統的には、芝の直線スピードにも対応できるような配合がいいですね。

　母父サンデーサイレンス系の短縮馬の期待値は高いですし、プリンスリーギフトやフォーティナイナーの血を持つ馬も向きます。

　プリンスリーギフトは芝寄りの血統。フォーティナイナー系はダート短距離の主流系統ではありますが、芝の千二GⅠでも強いし、芝重賞でも速い上がりを使える馬が多いですからね。

　東京ダート千三は「千四よりも、千二寄りの差しタイプが台頭して

くることが多い」ことと、「千二よりも芝寄りの血統が走りやすい」ことを意識してください。

---

**亀谷敬正　東京ダ1300mのポイント**

◎速い上がりの脚を使って差せるタイプや、距離短縮のほうが有利

◎差し馬でも、前の馬がバテたところを差した馬ではなく、スプリント戦の流れにも乗れて速い上がりも使える馬を買いたい

◎母父サンデーサイレンス系の馬、プリンスリーギフトやフォーティナイナーの血を持つ馬に注目

---

前走不利の錬金術師
# 双馬毅の見解

## 差しが決まる馬場のときに、人気薄の差し馬を徹底して狙え!!

　昔はよく「内枠有利」という話を聞きましたが、私はそういう意識を持っていません。統計上、2～4枠が少し良いという程度。1枠はそれほど良くないですし、必要以上に外枠を嫌う必要はないと思います。このあとに控える、私が最も得意にしている「東京ダ1400m」のペー

ジで詳しく解説しますが、攻略のポイントは千三も千四も基本的に同じ。差しが決まる馬場のときに、人気薄の差し馬を徹底して狙う。それに尽きます。スタート位置が100m変わるだけで、コースの構造はほぼ一緒というのが私の認識です。

　千四との違いは、千三のほうが期待値が低い（荒れにくい）ということと、距離延長の馬が比較的走りやすいということ。200mの延長は辛いけれど、100mの延長ならギリギリ守備範囲、という馬はいます。千四のレースを見ていると、残り100mくらいのところでバテる馬が多いので、イメージしやすいのではないでしょうか。

　具体的な狙い方は非常にシンプルです。メインターゲットは、前走が新潟や中山のダ1200mで展開や枠順の不利を受けて負けた馬で、距離延長を苦にしない血統の馬。あるいは、前走が東京の千四で距離がやや長く差しそこねた馬。これらの不利解消や距離短縮による変わり身に期待して狙い続けていれば、どこかで大きい馬券を引っかけられると思います。

---

## 双馬毅　東京ダ1300mのポイント

◎必要以上に外枠を嫌う必要はない

◎千四との違いは、千三のほうが荒れにくいということと、距離延長の馬が比較的走りやすいということ

◎狙うべきは、新潟や中山のダ1200mで展開や枠順の不利を受けて負けた馬か、東京の千四で距離で差しそこねた馬

## 𝒮𝒶𝓂𝓅𝓁𝑒 𝑅𝒶𝒸𝑒

### 2017年6月3日　東京7R　3歳上500万下　ダ1300m良

| 着 | 枠 | 馬番 | 馬名 | 性齢 | 斤量 | タイム | 前走コース | 前走位置取り | 人気 |
|---|---|---|---|---|---|---|---|---|---|
| 1 | 8 | 15 | タマモシルクハット | 牡4 | 54 | 1:18.8 | 新潟ダ1200 | 5-4 | 7 |
| 2 | 7 | 13 | メイプルキング | 牡4 | 57 | 1:18.9 | 中京ダ1200 | 13-11 | 2 |
| 3 | 8 | 16 | バナナボート | 牡3 | 51 | 1:19.2 | 新潟ダ1200 | 1-1 | 6 |

単勝2,190円　複勝470円 160円 390円　枠連1,330円　馬連2,250円
ワイド790円 2,940円 990円　馬単7,780円　三連複8,990円　三連単80,210円

### タマモシルクハットの前3走

| 日付 | レース名 | コース | 頭数 | 枠 | 馬番 | 位置取り | 上がり | 人気 | 着順 |
|---|---|---|---|---|---|---|---|---|---|
| 2017/4/16 | 4歳上500万下 | 福島ダ1150良 | 16 | 6 | 11 | 6-5 | 37.4 | 8 | 2 |
| 2017/5/6 | 4歳上500万下 | 東京ダ1400良 | 16 | 3 | 5 | 5-5 | 37.2 | 8 | 5 |
| 2017/5/21 | 4歳上500万下 | 新潟ダ1200良 | 15 | 3 | 4 | 5-4 | 37.1 | 8 | 4 |
| ▼ | | | | | | | | | |
| 2017/6/3 | 3歳上500万下 | 東京ダ1300良 | 16 | 8 | 15 | 11-9 | 36.6 | 7 | 1 |

　私が本命を打ったのは⑮タマモシルクハットです。この馬は前々走が東京ダ1400m、前走が新潟ダ1200mでともに持ち味の末脚を発揮できず、今回が東京ダ1300mへの距離延長。母父キャプテンスティーヴという〝延長得意血統〟でしたので、迷わずに狙うことができました。7番人気の低評価ながらも、武器である差し脚を繰り出して快勝。3連単8万馬券を導きました。この日は典型的な差し馬場ではありませんでしたが、不利が解消されての変わり身を狙うのはすべての基本です。差し馬が走りやすい馬場のときは、より破壊力が増します。

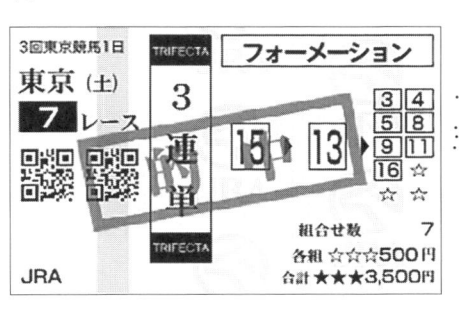

COURSE DATA

# 東京ダ1400m
## tokyo dirt_1400m

集計期間：2014年〜2017年11月26日（人気データ、トラックバイアスデータのみ2017年11月19日まで）

## 人気データ

| 人気ランク | 着別度数 | 勝率 | 連対率 | 複勝率 | 単回値 | 複回値 |
|---|---|---|---|---|---|---|
| A | 50-26-27-33/136 | 37% | 56% | 76% | 74 | 91 |
| B | 128-101-78-231/538 | 24% | 43% | 57% | 84 | 86 |
| C | 100-111-114-693/1018 | 10% | 21% | 32% | 78 | 77 |
| D | 86-112-114-1816/2128 | 4% | 9% | 15% | 82 | 74 |
| E | 14-29-46-2043/2132 | 1% | 2% | 4% | 52 | 68 |

| 人気ランク | レース的中率 | 回収値 |
|---|---|---|
| 人気ランクA−Cのワイドボックス | 72.5% | 81.1 |
| 人気ランクA−Cの馬連ボックス | 46.3% | 79.1 |

## ローテーションデータ

| ローテーション | 着別度数 | 勝率 | 連対率 | 複勝率 | 単回値 | 複回値 |
|---|---|---|---|---|---|---|
| 距離延長 | 90- 97- 108-1650/1945 | 5% | 10% | 15% | 57 | 69 |
| 同距離 | 172- 175- 159-1543/2049 | 8% | 17% | 25% | 77 | 73 |
| 距離短縮 | 85- 76- 82-1172/1415 | 6% | 11% | 17% | 74 | 83 |

## トラックバイアスデータ

| | レース数 | 超外 | 外 | 超内 | 内 | なし |
|---|---|---|---|---|---|---|
| コース取り | 378 | 3% | 17% | 1% | 5% | 74% |

| | レース数 | 超差し | 差し | 超前 | 前 | なし |
|---|---|---|---|---|---|---|
| 位置取り | 378 | 3% | 20% | 0% | 2% | 75% |

## 父の国分類データ

| 国分類 | 着別度数 | 勝率 | 連対率 | 複勝率 | 単回値 | 複回値 |
|---|---|---|---|---|---|---|
| 米国 | 189-187-169-2126/2671 | 7% | 14% | 20% | 70 | 79 |
| 日本 | 117-117-118-1592/1944 | 6% | 12% | 18% | 67 | 69 |
| 欧州 | 76-79-96-1150/1401 | 5% | 11% | 18% | 77 | 70 |

## 父×母父の国分類データ

| 父×母父の国分類 | | | 着別度数 | 勝率 | 連対率 | 複勝率 | 単回値 | 複回値 |
|---|---|---|---|---|---|---|---|---|
| 米国 | × | 米国 | 93-72-74-723/962 | 10% | 17% | 25% | 85 | 93 |
| 米国 | × | 日本 | 48-51-38-622/759 | 6% | 13% | 18% | 72 | 59 |
| 米国 | × | 欧州 | 48-64-57-781/950 | 5% | 12% | 18% | 52 | 81 |
| 日本 | × | 米国 | 68-65-55-779/967 | 7% | 14% | 19% | 72 | 67 |
| 日本 | × | 日本 | 4-3-3-81/91 | 4% | 8% | 11% | 78 | 49 |
| 日本 | × | 欧州 | 45-49-60-732/886 | 5% | 11% | 17% | 60 | 73 |
| 欧州 | × | 米国 | 25-27-37-331/420 | 6% | 12% | 21% | 42 | 70 |
| 欧州 | × | 日本 | 31-35-30-463/559 | 6% | 12% | 17% | 109 | 77 |
| 欧州 | × | 欧州 | 20-17-29-356/422 | 5% | 9% | 16% | 68 | 59 |

## 父 出現率上位データ

| 父 | | 着別度数 | 勝率 | 連対率 | 複勝率 | 単回値 | 複回値 |
|---|---|---|---|---|---|---|---|
| キングカメハメハ | 欧 | 18-14-17-122/171 | 11% | 19% | 29% | 68 | 87 |
| ゴールドアリュール | 日 | 22-13-12-160/207 | 11% | 17% | 23% | 82 | 74 |
| クロフネ | 米 | 18-19-9-160/206 | 9% | 18% | 22% | 80 | 69 |
| サウスヴィグラス | 米 | 9-16-15-184/224 | 4% | 11% | 18% | 77 | 71 |
| ダイワメジャー | 日 | 17-11-9-131/168 | 10% | 17% | 22% | 74 | 48 |
| プリサイスエンド | 米 | 8-16-11-99/134 | 6% | 18% | 26% | 51 | 67 |
| パイロ | 米 | 11-9-10-102/132 | 8% | 15% | 23% | 56 | 54 |

## 母父 出現率上位データ

| 母父 | | 着別度数 | 勝率 | 連対率 | 複勝率 | 単回値 | 複回値 |
|---|---|---|---|---|---|---|---|
| サンデーサイレンス | 日 | 20-27-22-274/343 | 6% | 14% | 20% | 142 | 85 |
| ブライアンズタイム | 欧 | 17-7-14-186/224 | 8% | 11% | 17% | 62 | 89 |
| フジキセキ | 日 | 16-14-9-145/184 | 9% | 16% | 21% | 113 | 67 |

## 血統ビーム
# 亀谷敬正の見解

東京
ダ1400M

## 短距離血統の人気馬を消し、
## ボールドルーラー系＆キングマンボ系を狙う!!

　米国型血統が強いコースで、スピードの持続性の有無がポイントになります。

　基本的には「ボールドルーラー＆キングマンボコース」と覚えておいてください。ボールドルーラー系のなかでもエーピーインディ系が強力で、特にカジノドライヴはバッチリ合います。キングカメハメハも優秀です。キングマンボ系の場合は、母父あるいは母母父に米国型の血が入っていると、さらなるパフォーマンスアップが期待できます。

　ただし、キングマンボ系は、走りやすい馬場状態とそうでない馬場状態にムラがある。来るときはめちゃくちゃ来るけど、来ないときはまったく来ない。非常に大きな波があるんですよ。「キングマンボ系が来ているな」と思ったら集中して狙い撃つ。これがコツです。土日の2日間で人気薄が2 〜 3頭立て続けに走ることもあり、2015年の春は穴が出まくりました。まさに、パチンコで言うところの確変状態（笑）。〝キングマンボモード〟に突入したことを察知したら、とにかく買いまくりましょう。

　あとエンパイアメーカーは、キングマンボ馬場でも米国指向が強い馬場でも常に安定して走るので押さえておきたいですね。ただし、エーピーインディ系でもパイロ産駒に関してはダーレーかグランド牧場生産馬に限定したほうがいいかもしれません。ほかは笑ってしまうくらい来ないんですよ。パイロはダーレーだけが優秀なのは、このコースに限ったことではないものの、ぜひ覚えておいていただきたい特徴

です。

　そして、過信禁物なのは距離延長の人気馬。これに尽きます。「前走上がり最速」というような大きな強調材料がない限りは疑ってかかるべきでしょうね。

　特に危険なのが父米国型の前走千二好走馬。東京ダ1400mはこのパターンの人気馬を消すコースと言っても過言ではないです。中山ダ1200mからの延長馬がよく出走してきますが、該当馬が人気になっていたら喜んで切っちゃいましょう。ちなみに、同じ距離延長でも前走東京ダ1300m組の成績は悪くないので、過度に嫌う必要はありません。

　東京ダ1400mは、「米国型短距離血統の千二組の人気馬を探すところから予想が始まるコース」と考えてください。ボクは「買いたい穴馬がいるから」ではなく、「消えそうな1番人気がいるから」という理由で、勝負レースに選ぶことがよくあります。危険な1番人気を切り、血統的に向く馬を買う。これが最も効率の良い戦術です。超大穴を獲りやすいコースではないので、不安要素がなければ上位人気も押さえておいてください。前走千三以上組かつ注目血統の馬（『競馬研究所』サイトの亀谷ポイントにおいて「血」もしくは「注」マークの付いている馬は期待大）を人気順に買えば、コンスタントに的中すると思います。

　また「2走前がダート1200m以下。前走が東京ダ1400m」のパターンの米国血統にも注目です。先ほど、「前走1200m以下の米国血統は危険」と書いたように、距離延長の米国血統は不利。その危険なパターンを前走で経験した米国血統は上積みがあります。

　もうひとつ、距離短縮を苦手とする血統の馬が2走前にダート1800m、前走が東京ダート1400mというパターンで凡走しているパターンにも注目。もちろん上積みが見込めます。2017年10月22日の東京7Rでは、単勝24倍で優勝したハシカミをホームページで公開した勝負レースで本命にしました。

東京
ダ1400m

## Sample Race

2017年10月22日　東京7R　3歳上500万下　ダ1400m不良

| 着 | 枠 | 馬番 | 馬名 | 父 | 2走前→前走 | 人気 |
|---|---|---|---|---|---|---|
| 1 | 3 | 4 | ハシカミ | キャプテンスティーヴ | 中山ダ1800→東京ダ1400 | 9 |
| 2 | 3 | 5 | プッシュアゲン | タイキシャトル | 函館ダ1700→東京ダ1400 | 5 |
| 3 | 8 | 15 | カネノイロ | パイロ | 福島芝1200→東京ダ1400 | 3 |

単勝2,400円　複勝470円 250円 230円　枠連7,450円　馬連6,500円
ワイド1,620円 2,030円 790円　馬単13,290円　三連複11,590円　三連単97,450円

　この馬は過去戦歴も血統も距離短縮が苦手な馬。2走前は中山ダート1800mで前走は東京ダート1400m。同馬の過去戦歴と血統傾向通りに凡走。今回は上昇が見込める状況に加え、米国血統が特に走りやすいブラッドバイアス（血統の偏り）が出ていました。ちょうどこのコースの原稿を書いたばかりのレースだったので、これを参考にして大きく儲けることができました（笑）。

　最後に、クラスによる特徴を補足しておきましょう。未勝利戦は短縮馬の期待値が高く、なかでも注目したいのは馬体重で、500キロ以上の大型馬は成績が上昇します。大型馬が有利なのは、未勝利ダート戦全般に言えることですが、このコースでも有効なファクターです。大型馬は外枠のほうがグングン伸びるタイプが多く、このコースも成績は上昇し、5枠より外の馬はさらに狙えます。

　続いて1600万下、ＯＰの上級条件ですが、こちらも短縮の期待値が高い条件です。あとは、関西馬を狙うことですね。人気ランクD〜Eの短縮馬は、関東馬の複勝率が9%なのに対し、関西馬は20%にも上ります。ただ、2017年は関東馬も頑張りましたので、流れが少しは変わってきたのかもしれませんが。

　血統は、ダートのなかでは父日本型が走りやすい条件。日本型の代表系統サンデー系は外差しが得意な馬も多く、砂をかぶるのが苦手な

馬も多いので外枠（7、8枠）の成績が優秀です。

　また、東京ダート1400mは左回りで直線が長い1400m。関東圏では独特な条件ですから「休養して狙いを定めていた馬」が走りやすいことも特徴です。前走もダート1400mで中5週〜15週、かつ当日単勝50倍以下の馬は、過去２年の複勝回収率が105％となっています。独特の適性が要求される東京ダート1400mを狙っている馬を素直に買うことも有効な条件です。

## 亀谷敬正　東京ダ1400mのポイント

◎ボールドルーラー＆キングマンボコースと覚えておく

◎距離延長の人気馬は過信禁物（父米国型の前走千二好走馬は特に危険）

◎「ダ1200m以下→東京ダ1400m」で凡走した米国血統の馬や、「ダ1800m→東京ダ1400m」で凡走した距離短縮が苦手な血統の馬には警戒

◎未勝利戦は距離短縮の大型馬、上級条件は短縮馬、関西馬、外枠の日本型に注目

◎前走同コースを使い、間隔をあけて狙いを定めてきた馬は素直に買うべき

東京
ダ1400m

## 前走不利の錬金術師
# 双馬毅の見解

## 距離短縮の差し馬ばかりが来る馬場になればまとめて穴を獲れる!!

　ダートの1400mは、どの競馬場も穴を獲りやすいので私は大好きです。特に東京の千四は個人的に最も得意にしています。ここは良い印象しかないコースです。勘違いしないでいただきたいのは、年がら年中、荒れまくっているのではないということ。常に穴が獲れるわけではありません。獲れるときにまとめて獲れる。そういうコースなのです。

「まとめて穴を獲れるとき」。それは、距離短縮の差し馬ばかりが来る馬場のときです。良馬場時は内枠で上位人気になっている先行馬があっさり勝つシーンもよく見られるのですが、このコースは適度に水分を含むと、差しが決まりやすくなります。具体的に言うと、稍重時。あるいは、稍重から良に回復した直後。こういうときは速い上がりの決着になり、末脚を武器にする差し馬、それもまったく人気のない短縮馬が台頭するケースが増えます。そんなときが穴を獲る絶好のチャンスです。不良馬場まで悪化すると、逆に前が残るケースが多くなるので注意してください。適度に湿った状態か、乾きつつある段階。これがベストのタイミングと覚えておきましょう。

　短縮馬に注目する理由は、延長馬よりも圧倒的に期待値が高いからです。ダート馬には前向きな性格のタイプが多いため、距離延長は精神的に大きな負担になります。馬はレース前に、これから何メートルの距離を走らされるのかをわかっていません。仮に1200mを全力でガツガツと走っていた馬が、次に1400mのレースを使われたときのことを想像してみてください。おそらく終盤に「あれ？　まだゴールじゃ

ないの!?」となるでしょう。全力疾走で200m距離が延びるのは本当に
キツい。我々人間が考えている以上に、馬にとっては〝大きな変化〟
であるはずなんです。芝馬の場合、開幕週の内枠を利して距離延長を
克服できてしまうこともありますが、ダート馬に距離が延びて良しと
いうタイプはほとんどいません。一部の距離延長を苦にしない血統の
馬（P17に一覧を掲載）を除き、致命的なマイナス要素になり得ると
考えてください。

　東京ダ1400mは、JRAの番組構成上、中山ダ1200mからのローテで
出走してくる馬が多いです。これは裏を返せば、「カモ候補がたくさん
いる」ということになります。中山の千二なら上がり3ハロン39秒台で
も残れる場合がありますが、東京の千四ではそういうわけにはいきま
せん。先行馬でも、上がり37秒台の脚を繰り出せないと辛いです。単
に200m距離が延びるだけでなく、脚の使い方も変わってくる。これが、
波乱が起こりやすい要因になっています。

　前走中山ダ1200mで先行して2 ～ 3着に好走→東京ダ1400mで上位
人気。

　これが一番危険なタイプです。差しが決まりやすい馬場であれば、
ガンガン切っていきましょう。そして、距離短縮の差し馬を狙う。こ
れが鉄則です。

　ただし、同じ前走中山ダ1200m組でも、コース不向きで「差し届か
ず」の競馬をしていた馬は見限れません。差し馬は、必死に追走する
ことが義務だと思っていないので、前半に体力を温存できるぶん、先
行馬よりも距離延長に対応できます。速い上がりの脚を生かせる東京
ダ1400mで一変した走りを見せる可能性はおおいにありますので、差
し馬に関しては距離延長だからと盲目的に切るべきではありません。

　要は極端な話、このコースでは差しがバンバン決まるときだけに狙
いを定めて、馬券を買えばいいのです。私は、通常の馬場のときはお

となしく待機し、勝負のチャンスが訪れたときに集中的に馬券を買うようにしています。例えば、土日合わせて東京ダ1400mのレースが5鞍組まれている週があったとして、やや湿った馬場状態の最初のレースで差しが決まったら、大幅な馬場悪化や馬場回復がない限り、残り4

## Sample Race

### 2017年2月5日　東京8R　4歳上500万下　ダ1400m良

| 着 | 枠 | 馬番 | 馬名 | 性齢 | 斤量 | タイム | 位置取り | 上がり | 人気 |
|---|---|---|---|---|---|---|---|---|---|
| 1 | 8 | 15 | メリートーン | 牡4 | 55 | 1:25.6 | 16-16 | 36.1 | 2 |
| 2 | 5 | 10 | ハシカミ | 牡4 | 55 | 1:25.7 | 10-13 | 36.7 | 8 |
| 3 | 8 | 16 | シベリウス | 牡4 | 57 | 1:26.2 | 8-8 | 37.4 | 12 |

単勝390円　複勝200円 520円 1,040円　枠連3,510円　馬連4,170円
ワイド1,620円 2,660円 12,840円　馬単6,680円　三連複51,740円　三連単195,010円

### シベリウスの前3走

| 日付 | レース名 | コース | 頭数 | 枠 | 馬番 | 位置取り | 上がり | 人気 | 着順 |
|---|---|---|---|---|---|---|---|---|---|
| 2016/5/21 | 早苗賞500万下 | 新潟芝1800良 | 10 | 3 | 3 | 1-1 | 35.4 | 10 | 10 |
| 2016/11/27 | 3歳上500万下 | 東京ダ1600稍 | 16 | 3 | 6 | 4-4 | 39.3 | 7 | 14 |
| 2016/12/18 | 3歳上500万下 | 中京ダ1800良 | 16 | 4 | 7 | 5-5-8-4 | 40.9 | 13 | 8 |
| ▼ | | | | | | | | | |
| 2017/2/5 | 4歳上500万下 | 東京ダ1400良 | 16 | 8 | 16 | 8-8 | 37.4 | 12 | 3 |

　この日は短縮や差し馬が走りやすい馬場でした。私が注目したのは12番人気の⑯シベリウスです。この馬はダートの千六、千八と使われ、今回が千四というわかりやすい短縮馬でした。揉まれ弱い馬だったため、外枠の短縮ローテというのは絶好でしたね。レースは馬場のクセ通り差し馬が上位を独占。3連単19万5010円が本線で的中しました。

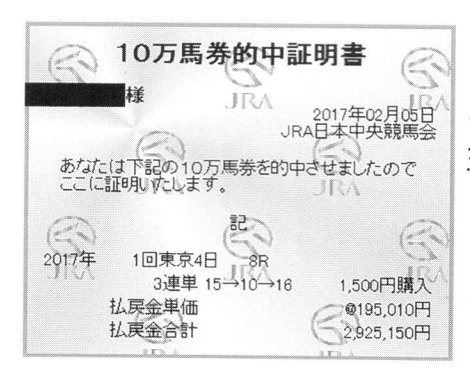

3連単
19万5010円
的中!!
292万5150円
の払い戻し!!

レースは距離短縮組を中心とする差し馬狙いに特化すればいいということです。『競馬研究所』サイトの双馬前走メモ欄の「ローテ不利」該当馬は、今回不利が解消される可能性があるので、よりいっそう期待が持てます。

ずっと千八を使われてきてパッとしなかった馬が、千四に距離短縮されていきなり走るというのはよくある話。このコースの穴狙いの基本は、短縮の差し馬です。前走千二組とは馬券的な破壊力が違います。馬場傾向は週ごとにコロコロ変わりますので、穴馬券ゲットのチャンスを逃さないように、土日のレース内容はリアルタイムでしっかりチェックしましょう。

東京ダ1400mのこの特徴を逆のかたちで生かすとするならば、差し馬が決まる馬場のときに持ち味を発揮できなかった（展開不利だった）先行馬に注目し、次走以降の変わり身に期待するという作戦がオススメです。次が中山ダ1200mで、今度は前に行ってアッサリ、というパターンは頻出していますので。

## 双馬毅　東京ダ1400mのポイント

◎距離短縮の差し馬ばかりが来るときだけ狙え（水分を含んだ馬場で多発）

◎前走中山ダ1200mで先行して2〜3着に好走→東京ダ1400mで上位人気。これが一番危険なタイプ

◎前走中山ダ1200m組でも、「差し届かず」の競馬をしていた馬は見限れない

COURSE DATA

# 東京ダ1600m

tokyo dirt_1600m

東京 ダ1600m

集計期間:2014年〜2017年11月26日（人気データ、トラックバイアスデータのみ2017年11月19日まで）

## 人気データ

| 人気ランク | 着別度数 | 勝率 | 連対率 | 複勝率 | 単回値 | 複回値 |
|---|---|---|---|---|---|---|
| A | 90-30-16-35/171 | 53% | 70% | 80% | 98 | 92 |
| B | 134-114-85-286/619 | 22% | 40% | 54% | 76 | 81 |
| C | 105-137-148-715/1105 | 10% | 22% | 35% | 70 | 80 |
| D | 92-121-145-1978/2336 | 4% | 9% | 15% | 68 | 72 |
| E | 11-31-34-2209/2285 | 1% | 2% | 3% | 60 | 55 |

| 人気ランク | レース的中率 | 回収値 |
|---|---|---|
| 人気ランクA－Cのワイドボックス | 76.6% | 79.9 |
| 人気ランクA－Cの馬連ボックス | 48.3% | 72.7 |

## ローテーションデータ

| ローテーション | 着別度数 | 勝率 | 連対率 | 複勝率 | 単回値 | 複回値 |
|---|---|---|---|---|---|---|
| 距離延長 | 38-66-58-1260/1422 | 3% | 7% | 11% | 34 | 55 |
| 同距離 | 188-155-166-1366/1875 | 10% | 18% | 27% | 85 | 84 |
| 距離短縮 | 173-179-170-2137/2659 | 7% | 13% | 20% | 72 | 66 |

## トラックバイアスデータ

| | レース数 | 超外 | 外 | 超内 | 内 | なし |
|---|---|---|---|---|---|---|
| コース取り | 432 | 4% | 21% | 1% | 2% | 71% |

| | レース数 | 超差し | 差し | 超前 | 前 | なし |
|---|---|---|---|---|---|---|
| 位置取り | 432 | 2% | 19% | 0% | 1% | 78% |

## 父の国分類データ

| 国分類 | 着別度数 | 勝率 | 連対率 | 複勝率 | 単回値 | 複回値 |
|---|---|---|---|---|---|---|
| 米国 | 173-162-151-1818/2304 | 8% | 15% | 21% | 84 | 76 |
| 日本 | 174-174-172-2009/2529 | 7% | 14% | 21% | 70 | 69 |
| 欧州 | 90-102-110-1453/1755 | 5% | 11% | 17% | 39 | 59 |

## 父×母父の国分類データ

| 父×母父の国分類 | | | 着別度数 | 勝率 | 連対率 | 複勝率 | 単回値 | 複回値 |
|---|---|---|---|---|---|---|---|---|
| 米国 | × | 米国 | 67-61-63-611/802 | 8% | 16% | 24% | 47 | 75 |
| 米国 | × | 日本 | 52-39-57-584/732 | 7% | 12% | 20% | 58 | 72 |
| 米国 | × | 欧州 | 54-62-31-623/770 | 7% | 15% | 19% | 148 | 82 |
| 日本 | × | 米国 | 93-93-88-958/1232 | 8% | 15% | 22% | 79 | 77 |
| 日本 | × | 日本 | 3-3-9-88/103 | 3% | 6% | 15% | 49 | 54 |
| 日本 | × | 欧州 | 78-78-75-963/1194 | 7% | 13% | 19% | 63 | 62 |
| 欧州 | × | 米国 | 28-29-33-379/469 | 6% | 12% | 19% | 42 | 56 |
| 欧州 | × | 日本 | 39-53-53-632/777 | 5% | 12% | 19% | 37 | 71 |
| 欧州 | × | 欧州 | 23-20-24-442/509 | 5% | 8% | 13% | 38 | 45 |

## 父 出現率上位データ

| 父 | | 着別度数 | 勝率 | 連対率 | 複勝率 | 単回値 | 複回値 |
|---|---|---|---|---|---|---|---|
| ゴールドアリュール | 日 | 37-19-13-222/291 | 13% | 19% | 24% | 207 | 71 |
| キングカメハメハ | 欧 | 19-22-26-197/264 | 7% | 16% | 25% | 59 | 77 |
| ゼンノロブロイ | 日 | 22-19-17-147/205 | 11% | 20% | 28% | 158 | 109 |
| クロフネ | 米 | 22-11-15-165/213 | 10% | 16% | 23% | 89 | 53 |
| シンボリクリスエス | 欧 | 14-11-13-158/196 | 7% | 13% | 19% | 50 | 49 |
| ネオユニヴァース | 日 | 13-11-10-126/160 | 8% | 15% | 21% | 68 | 65 |
| エンパイアメーカー | 米 | 9-14-10-137/170 | 5% | 14% | 19% | 33 | 87 |

## 母父 出現率上位データ

| 母父 | | 着別度数 | 勝率 | 連対率 | 複勝率 | 単回値 | 複回値 |
|---|---|---|---|---|---|---|---|
| サンデーサイレンス | 日 | 38-33-38-376/485 | 8% | 15% | 23% | 49 | 60 |
| フレンチデピュティ | 米 | 22-20-22-147/211 | 10% | 20% | 30% | 51 | 88 |
| ブライアンズタイム | 欧 | 13-20-13-204/250 | 5% | 13% | 18% | 99 | 87 |

## 血統ビーム
# 亀谷敬正の見解

### 砂をかぶったら危ない人気馬が出ているレースだけに参加する

直線が長いコースは、総じてマギレが発生しにくくなります。このコースも直線が長いので、単勝オッズ10倍以内の回収率が85%以上と水準以上。基本的には堅いコースです。

にもかかわらず「消える人気馬のパターン」が明確になるときがあります。そんなときは「人気馬の逆張り」で勝負しましょう。

そのパターンは、ズバリ「砂をかぶったら危ない人気馬が出ているレース」です。「1〜5番ゲート」かつ「単勝10倍以内」の人気馬は、単勝回収率が2年連続で50%台しかありません。さらにさらに、回収率はこのコースの標準値より30%も大幅にダウンします！

この状況を生み出している大きな要因は、内枠の馬は砂をかぶりやすいから。コースの構造的に不利なこともありますが、東京ダート巧者は広々と走ることが得意な馬が多く、内に入ることを嫌う馬が多いんです。特に父サンデー系や欧州型ノーザンダンサー系は「内で砂をかぶる競馬をこなす」ことを目的に進化した血統ではないですから、高い確率で消えてくれます。

2015〜2017年の3年間、「父欧州型ノーザンダンサー系」かつ「単勝10倍以内」に支持された馬が1〜5番ゲートに入った場合はなんと全敗です。

一方、不安が取り払われる10番より外の馬はその限りではなく、2桁馬番が2頭入る3連複や、馬連、ワイドが高い期待値を示しています。

また、中山ダート1800m惨敗馬の期待値が高いのも当コースの特徴

で、「前走6着以下惨敗」かつ「人気ランクD」の馬は2年連続で複勝回収率が100%オーバー。中山ダート1800mと東京ダート1600mは200mしか距離が変わりませんが、坂を登るのに必要な馬力や、コーナーの数、直線の長さがまったく違います。中山はオールダートなのに対し、東京は芝スタートですからね。

　よって、中山で惨敗したからといって東京で走れないわけではありません。むしろ、惨敗した馬にこそチャンスもあると考えてください。

　巻き返す馬の血統の傾向も明確です。母父が米国型か日本型の馬はさらに回収率がアップ。逆に欧州型はダウン。見事にハッキリしています。

　馬力のある母父欧州型は、中山のほうが合っている馬が多いので、中山で負けたということは、弱いか調子が悪いか。それに対して母父米国型や日本型は、スピードはありつつ馬力不足で敗れた馬が多い。だから、中山ダート1800mから東京ダート1600mに変わることで巻き返す確率が上がり、結果として回収率も上がるんです。

## 亀谷敬正　東京ダ1600mのポイント

◎父サンデー系や欧州型ノーザンダンサー系の人気馬が内枠に入ったら、レースの期待値が上がる

◎中山ダート1800m惨敗馬の期待値が高い（特に母父が米国型か日本型の馬）

東京
ダ1600m

## 前走不利の錬金術師
# 双馬毅の見解

## 出走馬のキャリアが少ない下級条件で
## 「軽いダートで一変する馬」を狙う

　人気馬が力を発揮しやすいコース、すなわち期待値の低いコースです。あまり荒れないですし、個人的にも大きな馬券を獲った記憶はほとんどありません。東京ダ1600mは施行レース数が多いため、戦歴から〝巧者〟がバレやすいという特徴があります。直線が長く、能力の差が出やすいこともあって、人気馬総崩れというケースはなかなか発生しません。だからどうしても、平均配当は低くなってしまうのです。

　ただ、穴馬券が狙えないかと言えば、決してそんなことはありません。狙いがハマれば、一撃でたっぷりと回収できます。狙い目は、出走馬のキャリアが少ない下級条件。なかでも未勝利は期待値が高いです。素性がバレていない馬が多く、「他場のタフなダートをこなせなかった馬が、東京の軽いダートになって一変」というパターンがよく見られます。中山と東京では求められる適性がまったく異なるので、中山ダ1800m→東京ダ1600mというローテで変わり身を見込める短縮馬を狙うのが王道の戦術です。

　東京のダートは芝に近い適性が求められるので、切れ味のある芝血統の馬が走りやすく、外枠の短縮であればさらに高いパフォーマンスが期待できます。「先行力のあるタイプ」がベスト。未勝利戦で条件に該当する馬を見つけたら、穴を獲るチャンスです。

　一方、延長馬は圧倒的に不利です。特に危険なのは、同じ東京の千三や千四からのローテ。ダメな理由はシンプルで、距離が延びると本来であればペースが落ちるはずなのに、千六は芝スタートなので逆

にテンが速くなってしまうからです。距離が延びたことに加えて先行争いが激しくなるというのは、延長馬にとっては最悪の状況。前走よりも速いペースで走らされたうえに、ゴールはさらに遠くなるわけですからね。最後までもつわけがありません。中山ダ1200mからのローテは、それに輪をかけて辛いです。延長馬にとって何ひとつ良いことのないコース。そう覚えておきましょう。

　複勝率を比較すると、短縮馬が19%なのに対し、延長馬は11%。ダブルスコアとまではいきませんが、相当大きな差が出ています。人気馬だろうと関係なし。延長馬は確実にパフォーマンスを落とします。楽逃げに持ち込めれば話は変わってきますが、毎回毎回、そう都合良くはいきません。

　このコースはスタート後の芝を走れる距離が短い内枠が不利。ダートに入っても外枠勢にかぶせられるので、砂をかぶるのがダメなタイプにとって内枠は致命的です。外枠の短縮馬で楽に先行できるタイプを積極的に買っていきましょう。

---

## 双馬毅　東京ダ1600mのポイント

◎中山ダ1800m→東京ダ1600mというローテで変わり身を見込める短縮馬を狙うのが王道の戦術

◎切れ味のある芝血統の馬が走りやすい

◎延長馬は圧倒的に不利

◎外枠の短縮馬で楽に先行できるタイプを積極的に買う

## Sample Race

### 2017年4月23日　東京3R　3歳未勝利　ダ1600m重

| 着 | 枠 | 馬番 | 馬名 | 性齢 | 斤量 | タイム | 前走コース | 前走位置取り | 人気 |
|---|---|---|---|---|---|---|---|---|---|
| 1 | 5 | 10 | ホッコーライデン | 牡3 | 56 | 1:36.6 | 中山ダ1800 | 5-5-3-4 | 2 |
| 2 | 7 | 14 | フォーハンドレッド | 牡3 | 56 | 1:37.3 | 中山ダ1800 | 4-4-6-11 | 10 |
| 3 | 4 | 7 | エスポワールパレス | 牡3 | 54 | 1:37.4 | 小倉ダ1700 | 7-6-8-6 | 7 |

単勝360円　複勝180円 920円 450円　枠連4,370円　馬連9,430円
ワイド2,610円 970円 8,760円　馬単13,910円　三連複26,890円　三連単120,000円

　期待値の低いコースなので、私はやみくもに超大穴を狙いません。2～5番人気を軸にして当てにいき、ヒモ荒れに期待することが多いです。このレースで本命を打った⑩ホッコーライデンは2番人気でしたが、今でもその判断は正解だと思っています。この馬は東京ダ1600m→中山ダ1800mと使われ、今回が東京ダ1600mに戻ったタイミングでした。前走は千八で先行して伸びきれない競馬からの距離短縮。未勝利戦。芝のデビュー戦で3着と、芝のスピードに対応できることも証明済み。前走は良馬場で、今回はよりスピードが求められる重馬場。走れる条件が全部揃っていた、完璧とも言える本命馬でした。

　対抗に推したのは⑭フォーハンドレッドです。こちらも中山千八からの短縮組で、先行して負けている点もホッコーライデンと同じ。軽いダートに適性のあるステイゴールド×Gone Westという血統面の後押しもありました。3走前は芝2000m、2走前はダ1800mで5着に好走。続く前走はその反動が出て負けていましたので、私は「ローテ不利」と評価していました。つまり、今回はローテと距離両面で前進要素があったわけです。外枠ということもあり、条件的には文句なしでした。

　結果はこの2頭によるワンツーで、3着に入ったのも距離短縮の⑦エスポワールパレス。セオリー通りに攻めれば、簡単に獲れるレースでした。

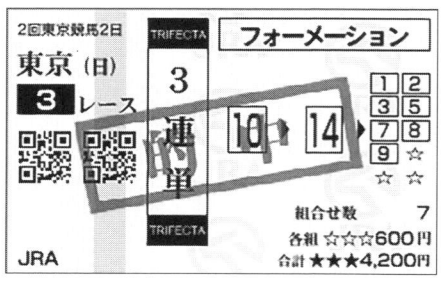

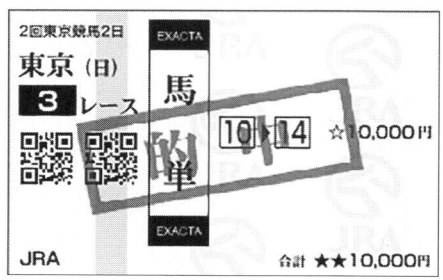

# 東京ダ2100m

tokyo dirt_2100m

## 血統ビーム
## 亀谷敬正の見解

### 確かな末脚が使えることが大事!!
### 注目血統はキングマンボ系、ロベルト系

　ダートのなかではヨーロッパ的要素の強いコースで、父欧州型×母父米国型という血統構成の馬がよく走ります。大事なのは確かな末脚が使えること。そういうタイプが、前走末脚不発で負けていたら、巻き返しに期待するのが基本戦略です。前走は芝を使われていた馬でも問題ありません。

　注目血統は、まずはキングマンボ系。特にキングカメハメハ産駒はよく走ります。父か母父にダマスカスの血が入っている馬もいいですね。粘り強い血統で、中長距離適性が非常に高い。ディープスカイなんかはドンピシャリでしょう。ロベルト系とも相性が良いので、芝でもダートでも2000m以上の産駒実績のあるロベルト系種牡馬の子供は、なんでも買っておいたほうがいいでしょう。

　『競馬研究所』サイトで公開している「上がりパターン」をチェックすれば、末脚のしっかりしたタイプがひと目でわかります。近2走の上がりパターン上位の馬を積極的に狙っていってください。上位人気が堅実に走ってくれるので、末脚のしっかりしたタイプの4番人気以内は回収率が高いです。

# 中山競馬場

**NAKAYAMA RACECOURSE**

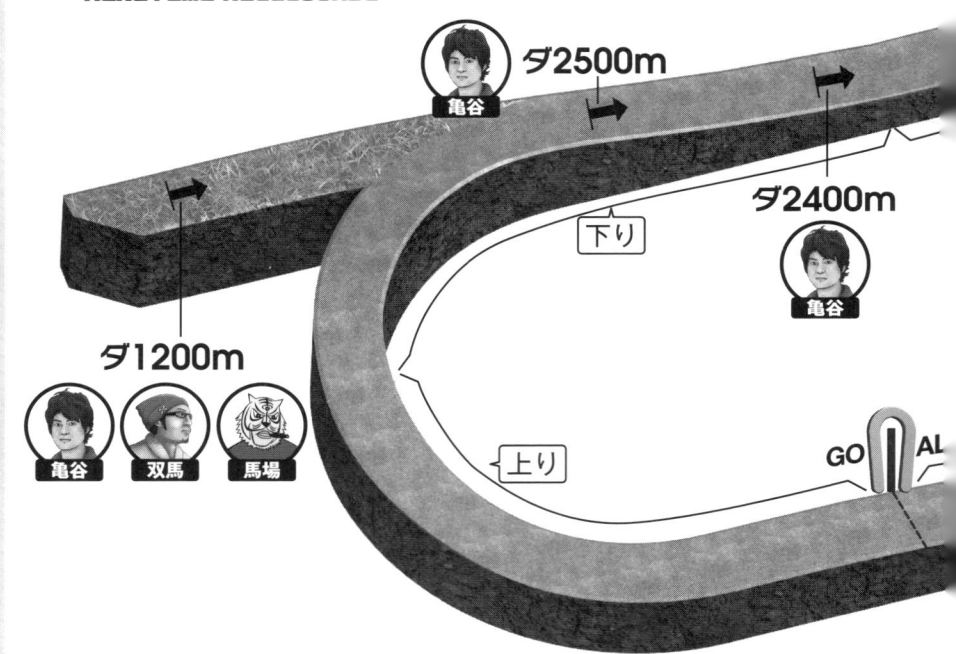

ダ2500m
亀谷

ダ2400m
下り
亀谷

ダ1200m
亀谷　双馬　馬場

上り

GO　AL

## 急坂と重い砂を擁する日本一タフなコース！

　高低差4.5m、ゴール前に控える急坂、年間を通じて重めの馬場など、競走馬の体力を奪いやすい設計が散りばめられた、JRA10場のダートのなかで最もタフなコースである。千八以上は急坂を2回上る必要があり、千二は芝スタートかつ長い下り坂が続くので自ずとスピードが出てしまう。とにかく体

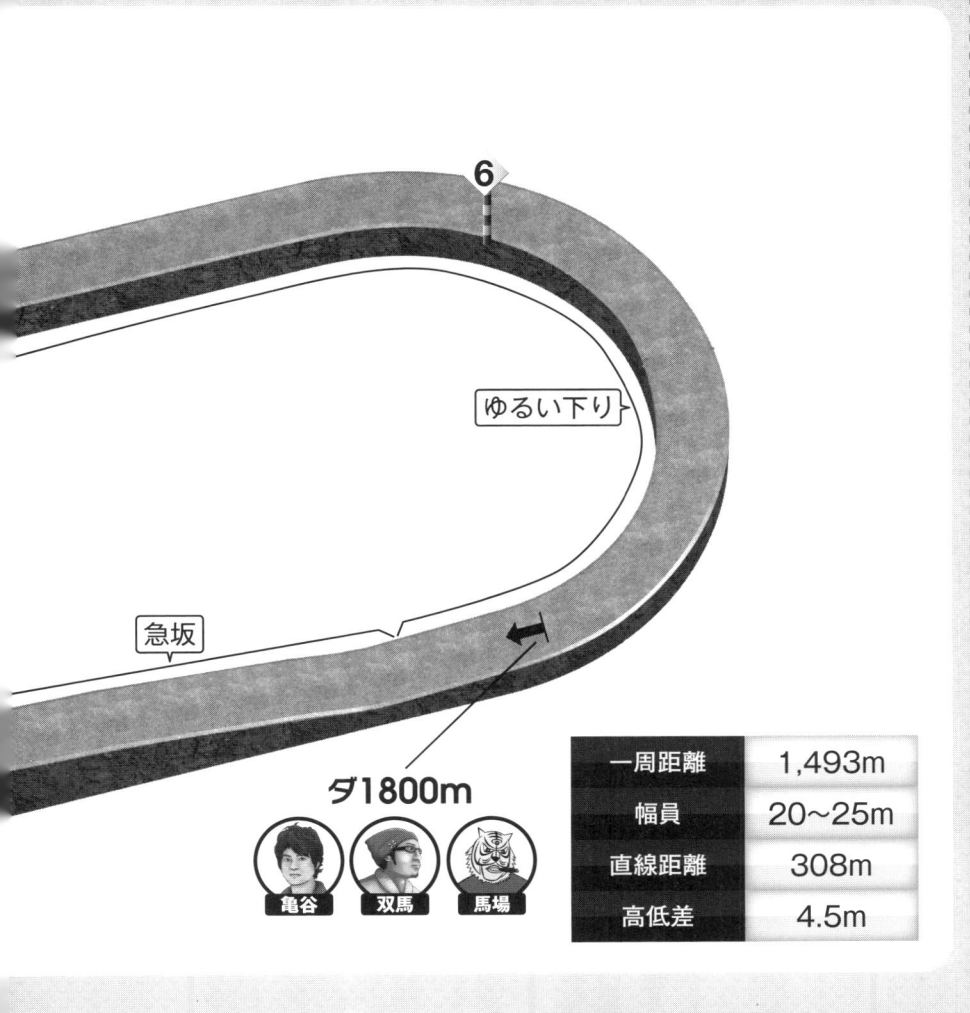

**6**

ゆるい下り

急坂

ダ1800m

亀谷　双馬　馬場

| 一周距離 | 1,493m |
|---|---|
| 幅員 | 20〜25m |
| 直線距離 | 308m |
| 高低差 | 4.5m |

力を温存させにくく、ゴール前はたいていの馬がバテバテになる。道悪になっても馬場は軽くならず、凍結防止剤が撒かれる冬場は特に馬場が重くなる。よってタフな馬、パワーのある大型馬が強い。唯一、馬場が軽くなる可能性があるのは夏場に砂を洗浄したあとに行われる9月の開催だが、メンテナンスの質や程度は年によって異なるため、毎年絶対に軽いというわけではない。

COURSE DATA

# 中山ダ1200m

## nakayama dirt_1200m

集計期間:2014年〜2017年11月26日(人気データ、トラックバイアスデータのみ2017年11月19日まで)

中山<br>ダ1200m

## 人気データ

| 人気ランク | 着別度数 | 勝率 | 連対率 | 複勝率 | 単回値 | 複回値 |
|---|---|---|---|---|---|---|
| A | 62-39-16-52/169 | 37% | 60% | 69% | 70 | 81 |
| B | 156-119-81-297/653 | 24% | 42% | 55% | 81 | 81 |
| C | 123-126-138-786/1173 | 11% | 21% | 33% | 75 | 77 |
| D | 109-157-189-2210/2665 | 4% | 10% | 17% | 73 | 83 |
| E | 16-25-42-2562/2645 | 1% | 2% | 3% | 37 | 52 |

| 人気ランク | レース的中率 | 回収値 |
|---|---|---|
| 人気ランクA—Cのワイドボックス | 68.9% | 78.2 |
| 人気ランクA—Cの馬連ボックス | 42.9% | 68.6 |

## ローテーションデータ

| ローテーション | 着別度数 | 勝率 | 連対率 | 複勝率 | 単回値 | 複回値 |
|---|---|---|---|---|---|---|
| 距離延長 | 28-24-30-409/491 | 6% | 11% | 17% | 70 | 54 |
| 同距離 | 270-261-249-2803/3583 | 8% | 15% | 22% | 68 | 71 |
| 距離短縮 | 123-141-144-2059/2467 | 5% | 11% | 17% | 48 | 76 |

## トラックバイアスデータ

| | レース数 | 超外 | 外 | 超内 | 内 | なし |
|---|---|---|---|---|---|---|
| コース取り | 466 | 5% | 29% | 0% | 5% | 61% |

| | レース数 | 超差し | 差し | 超前 | 前 | なし |
|---|---|---|---|---|---|---|
| 位置取り | 466 | 3% | 22% | 0% | 3% | 72% |

## 父の国分類データ

| 国分類 | 着別度数 | 勝率 | 連対率 | 複勝率 | 単回値 | 複回値 |
|---|---|---|---|---|---|---|
| 米国 | 229-237-223-2645/3334 | 7% | 14% | 21% | 61 | 75 |
| 日本 | 147-145-146-1889/2327 | 6% | 13% | 19% | 62 | 66 |
| 欧州 | 90-84-97-1373/1644 | 6% | 11% | 17% | 58 | 67 |

## 父×母父の国分類データ

| 父×母父の国分類 | 着別度数 | 勝率 | 連対率 | 複勝率 | 単回値 | 複回値 |
|---|---|---|---|---|---|---|
| 米国 × 米国 | 99-81-85-896/1161 | 9% | 16% | 23% | 75 | 71 |
| 米国 × 日本 | 63-85-80-791/1019 | 6% | 15% | 22% | 38 | 87 |
| 米国 × 欧州 | 67-71-58-958/1154 | 6% | 12% | 17% | 66 | 69 |
| 日本 × 米国 | 75-79-71-896/1121 | 7% | 14% | 20% | 70 | 76 |
| 日本 × 日本 | 9-10-8-147/174 | 5% | 11% | 16% | 55 | 52 |
| 日本 × 欧州 | 63-56-67-846/1032 | 6% | 12% | 18% | 56 | 58 |
| 欧州 × 米国 | 38-24-41-446/549 | 7% | 11% | 19% | 84 | 70 |
| 欧州 × 日本 | 31-33-26-468/558 | 6% | 12% | 16% | 43 | 57 |
| 欧州 × 欧州 | 21-27-30-459/537 | 4% | 9% | 15% | 48 | 76 |

## 父 出現率上位データ

| 父 | | 着別度数 | 勝率 | 連対率 | 複勝率 | 単回値 | 複回値 |
|---|---|---|---|---|---|---|---|
| サウスヴィグラス | 米 | 35-37-34-300/406 | 9% | 18% | 26% | 69 | 82 |
| ファスリエフ | 米 | 10-27-14-151/202 | 5% | 18% | 25% | 55 | 69 |
| ダイワメジャー | 日 | 17-12-16-124/169 | 10% | 17% | 27% | 95 | 88 |
| キンシャサノキセキ | 日 | 14-15-17-124/170 | 8% | 17% | 27% | 48 | 79 |
| パイロ | 米 | 13-14-14-122/163 | 8% | 17% | 25% | 76 | 103 |
| ゴールドアリュール | 日 | 15-13-10-156/194 | 8% | 14% | 20% | 59 | 52 |
| スウェプトオーヴァーボード | 米 | 11-12-10-164/197 | 6% | 12% | 17% | 48 | 36 |

## 母父 出現率上位データ

| 母父 | | 着別度数 | 勝率 | 連対率 | 複勝率 | 単回値 | 複回値 |
|---|---|---|---|---|---|---|---|
| サンデーサイレンス | 日 | 21-22-19-264/326 | 6% | 13% | 19% | 45 | 108 |
| ブライアンズタイム | 欧 | 18-12-14-235/279 | 7% | 11% | 16% | 60 | 43 |
| フレンチデピュティ | 米 | 19-13-10-133/175 | 11% | 18% | 24% | 98 | 65 |

## 血統ビーム
# 亀谷敬正の見解

### 穴馬券を獲るなら
### 外差しの馬場になった時が狙い!!

ベースはアメリカ血統。これに加えて、ノーザンダンサーの馬力が足された馬がよく走るコースです。父が米国型で、母系に欧州型ノーザンダンサーの血が入っていればベター。それに尽きます。

欧州型ノーザンダンサーは芝の短距離とゴール前の坂に強いので、芝スタートの急坂があるシチュエーションは合うんですよね。

芝の要素に馬力が加わる血統構成の馬は、中山ダート1200mのようなタフな造りのコースに強い。アドマイヤコジーン、ダイワメジャー、キンシャサノキセキがそこそこ走るのも同じ理由です。エンパイアメーカーや、その子供のバトルプランの産駒も常に買っておいたほうがいいでしょう。

期待値が高いのは、外枠と500キロ以上の大型馬。走れる血統の馬がその条件に該当していたら、買いの一手です。

大型馬と外枠が強いのは、10年以上前から続く中山ダート1200mの基礎的な構造ですが、それが今でも続いています。

とはいえ、2017年の秋の中山開催のように、時に例外的に外枠も大型馬も来ない馬場が出現することがあります。「これはいつもと違うな」と感じたときに、勝負を避ける危機管理意識は常に持つようにしましょう。「いつも同じパターン、バイアスが発生するわけではない」と注意するのは、中山ダート1200mに限ったことではないですけど（笑）。

あとは「差しやすい馬場かどうか？」をチェックすることも大事。

・馬場が軽くて湿った状況

・上級条件（1000万条件以上）

　これらは基本的に差しやすくなります。

　外枠に入った距離短縮馬の差しが決まる馬場かどうかをチェックすることも重要です。来るときと来ないときがハッキリしているので、見極めはカンタン。「外短縮の差しが届く」と判断できたら、危険要素を持つ内枠の人気馬をバンバン切るのがセオリーになります。

　外差しの馬場では、内枠に入った人気馬、特に砂をかぶるとアウトな馬を消して、外枠に入った芝寄りのスピードのある差し馬を買いまくってください。

　逆に、外短縮の差しが届かない馬場だったら、今度は外枠に入った芝寄りのパワーが不足した差し馬に危険信号が灯ります。

　そういう馬場のとき以外は堅く収まりやすいんですが、気持ちが前向きなタイプの先行馬、なかでも大型馬や父米国型血統を狙えば当たるので、攻略はしやすいです。

　また、東京ダートが軽い馬場で、中山がパサパサのときも穴馬券は取りやすいですね。

「常に1200mの走破タイムは同じだけど、時計のかかり具合によって着順が変わる馬」はダートでは結構いるんですが、こういう馬が軽い東京ダートに出ると、一気に着順を落とします。そしてパサパサの中山ダートでは着順を上げる。この手の馬が走りまくる馬場の出現も意識しましょう。

## 亀谷敬正　中山ダ1200mのポイント

## ◎父が米国型で、母系に欧州型ノーザンダンサーの血が入っていればベター

中山
ダ1200m

◎アドマイヤコジーン、ダイワメジャー、キンシャサノキセキ、エンパイアメーカー、バトルプランも走る

◎期待値が高いのは、外枠と500キロ以上の大型馬

◎外差しの馬場だと思ったら、内枠の人気馬を消して、外枠に入った芝寄りのスピードのある差し馬を買いまくる

◎東京ダートが軽い馬場→中山がパサパサのときは、普段の傾向でも穴が出る

## 前走不利の錬金術師
# 双馬毅の見解

## 馬場のクセが強く
## 良馬場のときと、渋ったときで狙い方が変わる!!

　馬場状態によって狙い方が大きく変わるコースです。

　良馬場のときは先行馬や内枠の短縮馬の好走が目立ちます。以前、良馬場時は平穏決着になることが多かったのですが、2017年末あたりから先行、内枠有利という傾向がより強くなった印象があり、積極的に穴を狙いたい条件に様変わりしました。

一方、馬場が渋ったときは外短縮の差しが決まるようになります。こちらも傾向が偏るので、勝負レース向きの条件と言えるでしょう。外短縮の差しが決まるかどうかは、馬場に含まれる水分の量でだいたい決まります。中山のダートはもともとタフなうえに、直線に急坂があるので差しは不利。良馬場のときはタフさが顕著になるので、いっそう差しは届かなくなります。

　差しが届くのは軽い馬場のとき。要は道悪のときです。世の中には「ダートは脚抜きが良くなると前が止まらなくなる」と認識している人がけっこういるようですが、それはまったくの逆。特に中山に関しては、馬場が軽くならないと（湿って走りやすくならないと）、差しが届かないのです。

　中山ダート1200mは、良馬場のときは「先行馬、内枠の短縮馬」。渋ったときは「外短縮の差し馬」。このスタンスを貫いて、アプローチするようにしてください。私は外短縮が決まる馬場が好きなので、中山ダ1200mを予想する際はどうしても稍重か重のレースが多くなってしまいますが、昨今の馬場なら良馬場でも十分に勝負は可能です。冬から春にかけてのほうが顕著に傾向が出やすく、馬場のクセを見極めやすいので、12〜3月の中山開催が一番の狙い目になります。コース替わりで変わり身を見せる東京開催からの転戦組が多いということも、ぜひ覚えておいてください。

　さらに押さえておきたいポイントを挙げると、馬場が渋ったときはふだんダートの千二で凡走しているタイプがよく穴をあけるということ。「穴狙い」は「世間の常識の逆をいく行為」ですので、過去の距離実績は気にしないほうがいいです。【0.0.0.5】より【3.2.0.1】の馬のほうが成績的には見栄えはいいですが、無視して構いません。むしろ、コース実績や距離実績のある馬は危険な人気馬になりやすいので、軽視の姿勢で臨みましょう。「コース実績を重視している人たちが、過剰

人気をつくってくれる」。そう考えたほうがいいと思います。

　ひとつ注意したいのは、中山ダ1200mをひと括りに扱わずに、クラスの違いを意識すべきということです。2歳戦や下級条件戦は差すパワーを持っている馬が少ないので、前残りが多くなります。また、本来差しタイプの馬でもスピードの違いで先行できてしまうことがあります。だから、下級条件戦は自動的に能力のある馬（人気馬）が前に行って勝ちやすいのです。上級条件戦のほうが、とんでもない人気薄の差し馬の台頭に期待できます。たとえ近走成績の悪い馬でも、そのクラスまで勝ち上がってきているので、能力が低いわけではない。走れる条件が揃えば、勝ち負けに加わってこられるのです。

　最近は、このコースの特徴やクセをつかんできている人が増えてきたフシがあり、かつてほど荒れなくなってきていますが、馬場のクセをつかめれば非常に当てやすいコースです。ある程度の上位人気からヒモ荒れに期待した組み合わせを買うことを推奨します。

---

## 双馬毅　中山ダ1200mのポイント

◎良馬場のときは「先行馬、内枠の短縮馬」。渋ったときは「外短縮の差し馬」

◎12〜3月の中山開催が一番の狙い目

◎馬場が渋ったときはふだんダートの千二で凡走しているタイプがよく穴をあける

◎上級条件戦のほうが、とんでもない人気薄の差し馬の台頭に期待できる

## Sample Race

### 2017年12月2日 中山1R 2歳未勝利 ダ1200m良

| 着 | 枠 | 馬番 | 馬名 | 性齢 | 斤量 | タイム | 前走コース | 前走位置取り | 人気 |
|---|---|---|---|---|---|---|---|---|---|
| 1 | 6 | 12 | ロータスクイーン | 牝2 | 54 | 1:13.0 | 東京ダ1300 | 8-8 | 6 |
| 2 | 1 | 1 | ノボベイビー | 牡2 | 55 | 1:13.1 | 東京ダ1300 | 6-7 | 12 |
| 3 | 2 | 4 | エルモアレッタ | 牝2 | 54 | 1:13.2 | 福島ダ1150 | 10-11 | 4 |

単勝1,220円 複勝510円 2,880円 240円 枠連18,260円 馬連86,810円
ワイド23,550円 1,240円 11,160円 馬単170,430円 三連複138,200円 三連単1,226,620円

　中山ダート1200mが良馬場で行われるとき、狙い目になるのは「先行馬と内枠の短縮馬」です。私が本命を打ったのは、外枠から楽に先行できそうだったロータスクイーン。新潟ダ1200mで4着→東京ダ1300mで6着→今回（中山ダ1200m）と、短縮ローテにも該当していました。そして、12番人気ながら2着に激走するノボベイビーは内枠の短縮ローテだったので買い目に。さらに、3着のエルモアレッタは内枠の先行馬ゆえに3番手と高く評価しました。結果、本命のロータスクイーンが注文通りの先行競馬で勝利し、2・3着も予想通りに決まって、サイトで提供している推奨レース予想では馬連8万6810円と3連複13万8200円的中。実際の馬券は、単勝1220円と3連単122万6620円を的中させ、約490万円の払戻金を手にすることができました。セオリー通りの狙い方でシンプルに的中できる、美味しいレースだったと思います。

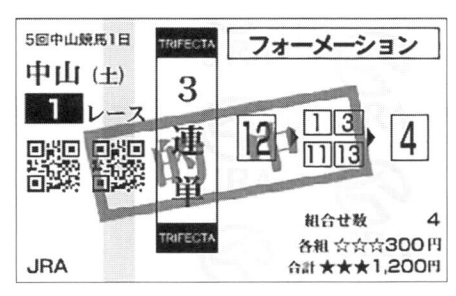

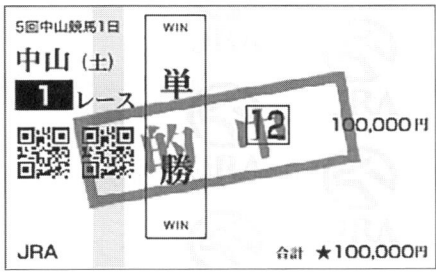

中山ダ1200m

# 馬場虎太郎の見解

中山
ダ1200m

## 積極的に勝負をかけるのは
## 傾向が顕著な冬場のみでいい

　先にお断りしておきます。中山ダ1200mは開催時期によって傾向が
ハッキリと変わるコースで、私が積極的に勝負をかけるのは冬場のみ。
具体的に言うと、12月の5回開催と、翌年1月の1回開催です。2月下旬
から4月中旬の春開催と9月に開幕する秋開催で勝負することはほぼあ
りません。なぜなら、冬場の開催は顕著な傾向が出て勝負しやすい一
方、それ以外は馬券を買いたくなる面白い特徴が確認できないからで
す。よって、冬場以外は基本的に見送るスタンスでいいと思います。

　冬場は寒いうえに湿度も低く、ダートは乾燥します。もともとタフ
なコースが、さらにタフになるのです。しかも、この時期の中山は強
い風も吹くため、馬の体力を奪う要素が増えます。年が明けると凍結
防止剤がまかれるようになり、もっともっと、パワーを要する馬場に
なります。ずっとパサパサで、雨が降っても馬場は軽くなりません。

　こうなると、通常は届かないような差しが届くようになります。冬
場以外の良馬場時はなかなか追い込みが利きませんが、この時期は先
行勢がタフなコースにスタミナを吸い取られ、バテバテになってしま
うのです。ダートの短距離では考えられないような、上がりタイムが
38秒台後半を要することもしばしば。後方で体力を温存していた組に
とっては、おあつらえ向きの展開が訪れます。

　外枠有利の傾向も顕著です。芝スタートで内枠のほうが早くダート
に到達するため、内枠になればなるほど体にかかる負担は大きくなり
ます。内枠の先行馬は条件的に最悪。内枠の差し馬はうまく外目に出

せれば可能性はありますが、外枠の差し馬のほうが有利であることは間違いありません。特に差せる脚を持った馬が多くなる上級条件は、外差しがバンバン決まります。上位独占もあるので、決め打ち勝負に出るのもアリでしょう。

## 馬場虎太郎　中山ダ1200mのポイント

◎冬場以外は基本的に見送るスタンスでいい

◎もともとタフなコースが、冬場はさらにタフになり、通常は届かないような差しが届くようになる

◎内枠の先行馬は条件的に最悪

◎差せる脚を持った馬が多くなる上級条件は、外差しがバンバン決まる

COURSE DATA

# 中山ダ1800m

## nakayama dirt_1800m

中 ダ1800m

集計期間:2014年〜2017年11月26日(人気データ、トラックバイアスデータのみ2017年11月19日まで)

## 人気データ

| 人気ランク | 着別度数 | 勝率 | 連対率 | 複勝率 | 単回値 | 複回値 |
|---|---|---|---|---|---|---|
| A | 70-34-19-47/170 | 41% | 61% | 72% | 75 | 84 |
| B | 148-139-91-351/729 | 20% | 39% | 52% | 68 | 77 |
| C | 140-135-148-823/1246 | 11% | 22% | 34% | 89 | 78 |
| D | 111-145-186-2218/2660 | 4% | 10% | 17% | 79 | 82 |
| E | 19-35-45-2442/2541 | 1% | 2% | 4% | 49 | 65 |

| 人気ランク | レース的中率 | 回収値 |
|---|---|---|
| 人気ランクA−Cのワイドボックス | 71.5% | 74.8 |
| 人気ランクA−Cの馬連ボックス | 45.5% | 62.2 |

## ローテーションデータ

| ローテーション | 着別度数 | 勝率 | 連対率 | 複勝率 | 単回値 | 複回値 |
|---|---|---|---|---|---|---|
| 距離延長 | 116-137-135-1965/2353 | 5% | 11% | 17% | 48 | 68 |
| 同距離 | 279-262-264-2649/3454 | 8% | 16% | 23% | 78 | 80 |
| 距離短縮 | 49-46-48-713/856 | 6% | 11% | 17% | 73 | 66 |

## トラックバイアスデータ

| | レース数 | 超外 | 外 | 超内 | 内 | なし |
|---|---|---|---|---|---|---|
| コース取り | 488 | 7% | 31% | 1% | 6% | 55% |

| | レース数 | 超差し | 差し | 超前 | 前 | なし |
|---|---|---|---|---|---|---|
| 位置取り | 488 | 2% | 21% | 0% | 4% | 73% |

## 父の国分類データ

| 国分類 | 着別度数 | 勝率 | 連対率 | 複勝率 | 単回値 | 複回値 |
|---|---|---|---|---|---|---|
| 米国 | 155-148-146-1779/2228 | 7% | 14% | 20% | 76 | 77 |
| 日本 | 201-205-199-2339/2944 | 7% | 14% | 21% | 62 | 74 |
| 欧州 | 132-135-144-1763/2174 | 6% | 12% | 19% | 72 | 75 |

## 父×母父の国分類データ

| 父×母父の国分類 | 着別度数 | 勝率 | 連対率 | 複勝率 | 単回値 | 複回値 |
|---|---|---|---|---|---|---|
| 米国 × 米国 | 55-50-51-542/698 | 8% | 15% | 22% | 89 | 73 |
| 米国 × 日本 | 61-53-57-614/785 | 8% | 15% | 22% | 91 | 83 |
| 米国 × 欧州 | 39-45-38-623/745 | 5% | 11% | 16% | 48 | 75 |
| 日本 × 米国 | 108-106-109-1082/1405 | 8% | 15% | 23% | 68 | 79 |
| 日本 × 日本 | 4-6-6-112/128 | 3% | 8% | 13% | 69 | 41 |
| 日本 × 欧州 | 89-93-84-1145/1411 | 6% | 13% | 19% | 56 | 71 |
| 欧州 × 米国 | 28-29-42-452/551 | 5% | 10% | 18% | 81 | 72 |
| 欧州 × 日本 | 68-66-61-781/976 | 7% | 14% | 20% | 65 | 81 |
| 欧州 × 欧州 | 36-40-41-530/647 | 6% | 12% | 18% | 74 | 68 |

## 父 出現率上位データ

| 父 | | 着別度数 | 勝率 | 連対率 | 複勝率 | 単回値 | 複回値 |
|---|---|---|---|---|---|---|---|
| キングカメハメハ | 欧 | 39-29-22-188/278 | 14% | 25% | 32% | 150 | 96 |
| クロフネ | 米 | 29-22-20-210/281 | 10% | 18% | 25% | 83 | 73 |
| ゴールドアリュール | 日 | 24-19-23-215/281 | 9% | 15% | 24% | 68 | 76 |
| シンボリクリスエス | 欧 | 22-23-15-197/257 | 9% | 18% | 23% | 48 | 83 |
| ネオユニヴァース | 日 | 20-20-20-157/217 | 9% | 18% | 28% | 70 | 91 |
| ダイワメジャー | 日 | 21-15-10-114/160 | 13% | 23% | 29% | 119 | 93 |
| エンパイアメーカー | 米 | 10-22-10-152/194 | 5% | 17% | 22% | 26 | 66 |

## 母父 出現率上位データ

| 母父 | | 着別度数 | 勝率 | 連対率 | 複勝率 | 単回値 | 複回値 |
|---|---|---|---|---|---|---|---|
| サンデーサイレンス | 日 | 60-50-46-430/586 | 10% | 19% | 27% | 133 | 96 |
| ブライアンズタイム | 欧 | 25-15-23-207/270 | 9% | 15% | 23% | 104 | 99 |
| フレンチデピュティ | 米 | 14-11-18-145/188 | 7% | 13% | 23% | 63 | 75 |

## 血統ビーム
# 亀谷敬正の見解

## ダートのなかでも特にタフなコースで「未知なる適性の見極め」が求められる

　このコースの特徴は、ダートコースのなかでも特にタフなこと。急坂を2回登るわけですからね。高低差のある欧州競馬の要素もミックスされたコースです。

　芝→ダの期待値は、全体的に低下傾向にあるなかで、この中山ダ1800mは2017年もプラス収支。なかなか健闘しているんですよね。このコースで芝からダートへの転戦が決まりやすいのは、タフなダートのキャリアの浅い2、3歳馬が揃う未勝利戦が多く行われることが影響しています。

　秋開催の2歳戦や年末年始の2、3歳未勝利戦は「初のダート千八」「急坂を2回登るダートの千八は当然初めて」という馬が多いので、荒れるレースが出現しやすいというわけです。「未知なる適性の見極め」が求められるレースは、血統がめちゃくちゃ威力を発揮しますからね。コンスタントにオイシイ狙い目が現れてくれます。

　注目血統は、母父サンデー系以外のキングカメハメハ、ロージズインメイ、アイルハヴアナザーなど。これらの〝ダート千八替わり〟を狙っていきましょう。社台、ノーザンファーム系のスピードよりもビッグレッドのタフさが活きるコース。マイネル血統とマイネル育成がハマるコース。そう覚えておいてください。サンデー系の切れる要素は問われづらいです。

　実際に馬主別成績を見るとラフィアンは回収率がプラスで、キャロットなどのノーザンファーム系の馬主クラブよりも成績が優秀です。

父や母父に千八適性の高い血統を持つ馬を拾っていけば、自然と成績は上がるでしょう。

　中山ダート千二同様、タフな馬場なので大型馬が強い。これも大事な要素です。特に年末年始の乾いたダートは大型馬が走りやすい。なかでも外枠の馬が狙い目。大型馬は外枠のほうが走りやすいですし、マクリも決めやすいですから。

　また、バテずに末脚を伸ばせる馬も走りやすいので、『競馬研究所』サイトの「上がりパターン」をチェックするようにしてください。上がりパターンの数字の低い馬（特に15、30）ほどパフォーマンスがアップします。

　東京ダート1600m組からの注目パターンは「父欧州型」かつ「500キロ以上」の馬。高低差が激しく、総じてタフなコースの多い欧州で発展した血統で、なおかつ体重が500キロ以上ある馬は、馬力とパワーに優れています。東京ダート1600mに比べ、中山ダート1800mは要求される馬力、パワーが圧倒的に上。よって、この条件に該当する馬は中山ダート1800mで上積みを見せることが多いわけです。

## 亀谷敬正　中山ダ1800mのポイント

### ◎芝からダート替わりが決まりやすい

### ◎注目血統は、母父サンデー系以外のキングカメハメハ、ロージズインメイ、アイルハヴアナザーなど（これらの〝ダート千八替わり〟を狙う）

### ◎社台、ノーザン系のスピードよりもマイネル血統とマイネル育成のタフさが活きる

◎**大型馬や、バテずに末脚を伸ばせる馬が走りやすい**

◎**東京ダート1600m組からの注目パターンは「父欧州型」かつ「500キロ以上」の馬**

## 前走不利の錬金術師
# 双馬毅の見解

## 距離短縮がハマらなかった延長馬や、大幅距離延長で凡走した短縮馬が穴になる!!

　短縮、延長ともにこれといったパターンがなく、狙って大穴を獲りづらいコースですので、大勝負はオススメできません。私が狙うのは2つのケース。その条件にハマる馬が出てきたときだけ、馬券を買うようにしています。

　ひとつは、馬場状態関係なしにスピード負けするような馬、あるいは軽い馬場で上がりの勝負に対応できなかった馬が、タフな中山ダート千八に転戦してきたケース。ネオユニヴァースなど、距離延長の得意な血統の馬（※一覧はP17参照）を狙うこともよくあります。前走、東京ダ1600mで苦戦していた馬は狙いやすいですね。

　もうひとつは、東京ダ2100mや東京ダ2400mなど、2000m超のレースを使われるも、さすがに距離が長すぎて（凡走して）今回が短縮というケース。こちらは、もともと千八路線を使われていた馬が、

2000m超のレースに1回チャレンジしたあとの千八戻り、というパターンが理想的です。ずっと長距離ダートを使われて結果を残せていない馬は、ただ単に弱い馬という可能性がおおいにありますので。

　狙いやすいローテは、中山千八→東京千六orニー以上→中山千八。東京にダート千八はありませんので、距離短縮がハマらなかった延長馬や、大幅距離延長に対応できなかった短縮馬が、頻繁に変わり身を見せてくれます。私は原則この2つのパターンしか狙いません。

　特注は、凍結防止剤が撒かれて力の要る馬場になったときの牝馬限定戦です。このときは大型の差し馬がバンバン来ます。ローテも○ならベスト。該当馬を狙うのが必勝パターンになり得るでしょう。冬場が稼ぎ時ですので、ぜひ覚えておいてください。

---

## 双馬毅　中山ダ1800mのポイント

◎穴パターン1＝スピード負けした馬や、上がりの勝負に対応できなかった馬が、タフな中山ダート千八で巻き返す

◎穴パターン2＝距離が長すぎて凡走した馬が、今回短縮で巻き返す

◎狙いやすいローテは、中山千八→東京千六orニー以上→中山千八

◎特注は、凍結防止剤が撒かれて力の要る馬場になったときの牝馬限定戦

## Sample Race

### 2017年10月1日　中山12R　内房S　ダ1800m良

| 着 | 枠 | 馬番 | 馬名 | 性齢 | 斤量 | タイム | 位置取り | 上がり | 人気 |
|---|---|---|---|---|---|---|---|---|---|
| 1 | 5 | 10 | ケンベストカフェ | 牡5 | 54 | 1:52.4 | 2-2-2-2 | 39.4 | 9 |
| 2 | 3 | 5 | ロードフォワード | 牡6 | 53 | 1:52.4 | 7-8-9-6 | 38.5 | 12 |
| 3 | 7 | 14 | クラシックメタル | セ6 | 56 | 1:52.6 | 5-5-3-3 | 39.2 | 1 |

単勝3,030円　複勝630円 990円 170円　枠連8,080円　馬連46,200円
ワイド8,400円 1,720円 2,650円　馬単80,660円　三連複54,410円　三連単453,510円

### ロードフォワードの前3走

| 日付 | レース名 | コース | 頭数 | 枠 | 馬番 | 位置取り | 上がり | 人気 | 着順 |
|---|---|---|---|---|---|---|---|---|---|
| 2017/6/24 | 夏至S1600 | 東京ダ1600良 | 16 | 3 | 5 | 11-12 | 36.7 | 11 | 8 |
| 2017/7/1 | 白川郷S1600 | 中京ダ1800重 | 16 | 4 | 8 | 7-7-9-7 | 35.9 | 11 | 4 |
| 2017/8/26 | 釜山S1600 | 小倉ダ1700稍 | 16 | 3 | 6 | 9-9-11-11 | 38.3 | 9 | 10 |
| ▼ | | | | | | | | | |
| 2017/10/1 | 内房S1600 | 中山ダ1800良 | 15 | 3 | 5 | 7-8-9-6 | 38.5 | 12 | 2 |

　私が狙ったのは⑤ロードフォワードです。中京ダ1800m4着→小倉ダ1700m10着ときて、実績のある千八に戻ってきたパターンでした。前走は千七の稍重馬場で、高速決着に対応できずに敗退。短縮が苦手、延長が得意のネオユニヴァース産駒で、ゆったりと追走できる中山の千八に替わるのは明らかにプラスでした。

　中山ダ1800mは、東京ダ1600mとの関連性についてとかく注目されますが、他場の千七でも応用はききます。世間では千七と千八が同じような感覚で語られがちで、競馬新聞の成績欄でも一緒くたにされることもありますが、その認識は大きな間違いです。ダートの千七と千八では、求められるスタミナ量もスピード量も全然違います。千七は小回りで息の入る場所が多く、あまりスタミナが要りません。どちらかと言うと千四寄りのスピードが生きるコースです。だから、千七でスピード負けした馬の千八での巻き返しはよく見られます。

　このレースでロードフォワードは単勝53.2倍の12番人気に甘んじていました。おそらく、千八と同一視されている千七での大敗が嫌われたのでしょう。まさに、そんなパブリックイメージを逆手にとって穴を狙いやすい典型的なレースでした。お恥ずかしい話、私は公開予想では相手を間違えて外してしまったのですが、軸馬の選び方に関しては模範解答を示すことができたと思っています。

## トラックバイアス分析のプロ
# 馬場虎太郎の見解

## 千二同様、傾向が偏る冬場に決め打ち

　特徴、考え方、攻略の仕方は中山ダ1200mとほとんど同じです。狙い目は馬場がタフになる冬場の開催。内枠の先行馬はバテやすいので不利。外枠の差し馬が有利で、直線の坂を2回登る必要があることからパワータイプの大型馬であればベター。冬場以外の開催は傾向が偏らないので決め打ち勝負に向かない。ざっとこんなところでしょうか。

　千二との違いは外枠の有利度合いがよりいっそう高いという点。千二の場合、枠順にかかわらず先行馬はマイナスですが、千八は先行馬でも外枠であれば特に気にする必要はありません。脚質よりも枠。それが千八です。芝も含めたJRAの全コースのなかでも、外枠の有利度合いがトップ5に入る、ダートとしては極めて異質のコースと覚えておいてください。外枠が来るときはまとめて来るので、ボックス買いも有効です。

　芝の場合、馬場の内側が荒れてくると、外側に進路をとる騎手が現れますが、ダートでそういうシーンはまず見られません。でも、冬場の中山ダ1800mは多少強引にでも外目を走らせたほうがいいコースなのです。砂厚は内外で100%一定ではなく、強風の影響など、なんらかの理由により内側のほうが深くなりやすいのかもしれません。結果的に穴馬が爆発するのは、たいてい外々を回ったときですから。あえて内側を開けて走っても距離ロスにはならない。それが重要です。

　騎手はダートで「内有利」を意識しても「外有利」を意識することはないでしょう。人気馬に騎乗しているときほど、ロスのないコース取りを心がけていると思います。しかし、冬場の中山ダートに限ると、

それは紛れもない〝不経済コース〟です。だから、気楽に乗れる人気薄でのダメ元のぶん回し騎乗がハマり、よく穴があくことで、極端な数字が記録されているのでしょう。仮に騎手がそのことに気付いたとしても、ダートでそんな乗り方をしたら確実に非難されますから、今後もこの〝特性〟は変わらないはずです。

　年末の5回開催は前走東京好走馬が人気を集める傾向にありますが、まったくアテになりません。東京の千四や千六で先行してスピードを生かす競馬をした馬や、直線一気を決めた馬は、いずれも中山の千八の流れには向かないからです。人気馬は「強いからやむを得ず買い目に入れておく」ことがけっこうありますが、それをしないで済むから助かります。人気馬をバッサリ切って、人気薄同士の組み合わせを買うという攻めのスタイルも貫きやすいです。

　最後に、2〜3歳限定戦より古馬戦のほうが差し有利になりやすいことを覚えておいてください。2歳馬、3歳馬はまだ馬が完成する前なので、全体的にパワー不足。中山の急坂を差せるだけの力を持った馬が少ないので、古馬に比べて前が残りやすいです。大勝負するなら古馬戦に絞ることをオススメします。

---

### 馬場虎太郎　中山ダ1800mのポイント

◎**外枠の差し馬が有利で、パワータイプの大型馬であればベター**

◎**脚質よりも枠。それが千八**

◎**2〜3歳限定戦より古馬戦のほうが差し有利になりやすい**

## 血統ビーム
# 亀谷敬正の見解

## 芝の長距離よりも欧州的な馬力が問われるため
## 父欧州型を買うのが基本

急坂を3度走らなければならない、タフな条件の中山ダート2400m&2500mは、芝の長距離よりも欧州的な馬力が問われるコースです。

シンプルイズベスト。父欧州型を買うだけで儲かります。2014年〜2017年の父欧州型は複勝回収率が124%。ワイドのボックスも的中率35%、回収率123%と優秀で、人気ランクDかEの人気薄の欧州型が2レースに1回は馬券になっています。

そして父欧州型のなかでも、母父も欧州型あるいはサンデー系の馬は成績がさらに上昇。まさに、タフな芝長距離戦のイメージそのものです。

パワーが重要ゆえに牝馬は割り引きが必要で、父欧州型の牡馬は複勝回収率141%を記録しています。

父サンデー系の場合は、母父が欧州型なら成績がアップしますが、芝の短距離適性の高いサンデー系は評価できません。サンデー系のなかでは、長距離あるいはダートに実績を残すタイプを狙っていきましょう。

# 京都競馬場

## KYOTO RACECOURSE

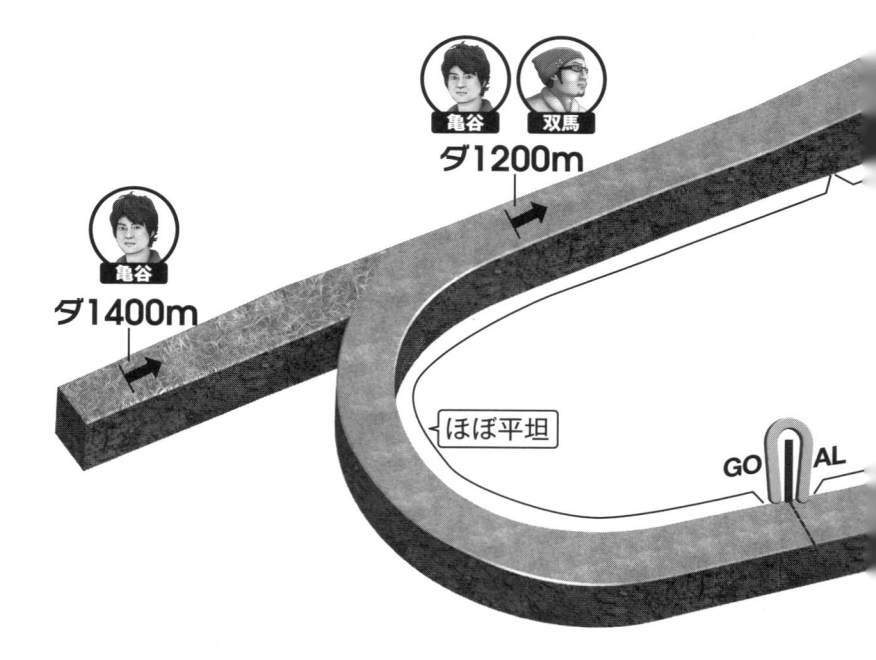

亀谷　双馬

ダ1200m

亀谷

ダ1400m

ほぼ平坦

GO AL

## ダートでは珍しく差しが利くコース！

　向こう正面に上り坂があるが、仕掛けどころではないので体力はそれほど奪われない。京都の特徴はなんと言っても3〜4コーナーの下り坂と、コーナーリングしやすいゆったりとしたコース設計。JRAのダートコースの中でも3コーナーからスピードに乗せやすいコースで、砂質も軽くなりやすく、芝並

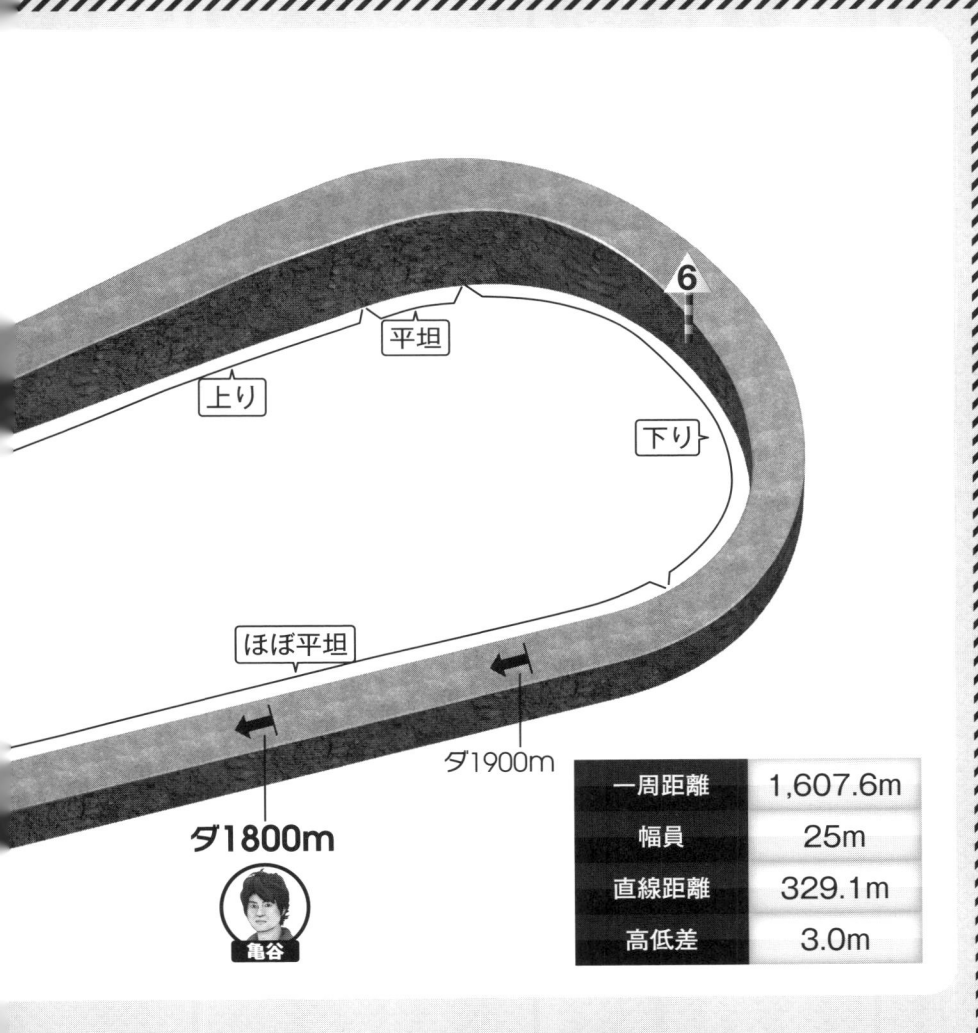

上り

平坦

6

下り

ほぼ平坦

ダ1900m

**ダ1800m**

亀谷

| 一周距離 | 1,607.6m |
|---|---|
| 幅員 | 25m |
| 直線距離 | 329.1m |
| 高低差 | 3.0m |

みの上がり勝負になることもある。直線で脚を伸ばしやすいため、内を器用に立ち回ることが良策にはなり得ない。千八の場合、超高速馬場になった際はイン天国もあるが、通常は枠順の有利不利はあまり存在しない。3コーナーからのスピード勝負に適応するためには米国的なスピードも重要になりやすいコースである。

COURSE DATA

# 京都ダ1200m

kyoto dirt_1200m

集計期間:2014年〜2017年11月26日(人気データ、トラックバイアスデータのみ2017年11月19日まで)

## 人気データ

| 人気ランク | 着別度数 | 勝率 | 連対率 | 複勝率 | 単回値 | 複回値 |
|---|---|---|---|---|---|---|
| A | 60-21-17-39/137 | 44% | 59% | 72% | 86 | 85 |
| B | 78-79-57-184/398 | 20% | 39% | 54% | 74 | 82 |
| C | 69-80-87-467/703 | 10% | 21% | 34% | 79 | 81 |
| D | 57-79-97-1110/1343 | 4% | 10% | 17% | 90 | 80 |
| E | 18-23-24-1575/1640 | 1% | 3% | 4% | 72 | 60 |

| 人気ランク | レース的中率 | 回収値 |
|---|---|---|
| 人気ランクA-Cのワイドボックス | 75.2% | 76.2 |
| 人気ランクA-Cの馬連ボックス | 47.2% | 70.7 |

## ローテーションデータ

| ローテーション | 着別度数 | 勝率 | 連対率 | 複勝率 | 単回値 | 複回値 |
|---|---|---|---|---|---|---|
| 距離延長 | 5-11-14-175/205 | 2% | 8% | 15% | 19 | 75 |
| 同距離 | 181-172-175-1898/2426 | 8% | 15% | 22% | 73 | 70 |
| 距離短縮 | 74-77-70-1044/1265 | 6% | 12% | 18% | 107 | 80 |

## トラックバイアスデータ

| | レース数 | 超外 | 外 | 超内 | 内 | なし |
|---|---|---|---|---|---|---|
| コース取り | 282 | 3% | 19% | 1% | 16% | 62% |
| | レース数 | 超差し | 差し | 超前 | 前 | なし |
| 位置取り | 282 | 6% | 20% | 0% | 4% | 70% |

## 父の国分類データ

| 国分類 | 着別度数 | 勝率 | 連対率 | 複勝率 | 単回値 | 複回値 |
|---|---|---|---|---|---|---|
| 米国 | 153-149-154-1550/2006 | 8% | 15% | 23% | 104 | 89 |
| 日本 | 91-87-83-1066/1327 | 7% | 13% | 20% | 53 | 58 |
| 欧州 | 41-49-48-795/933 | 4% | 10% | 15% | 62 | 57 |

## 父×母父の国分類データ

| 父×母父の国分類 | 着別度数 | 勝率 | 連対率 | 複勝率 | 単回値 | 複回値 |
|---|---|---|---|---|---|---|
| 米国 × 米国 | 66-71-62-596/795 | 8% | 17% | 25% | 85 | 92 |
| 米国 × 日本 | 53-43-49-486/631 | 8% | 15% | 23% | 140 | 94 |
| 米国 × 欧州 | 34-35-43-468/580 | 6% | 12% | 19% | 90 | 79 |
| 日本 × 米国 | 46-43-37-491/617 | 8% | 14% | 20% | 64 | 61 |
| 日本 × 日本 | 6-8-6-124/144 | 4% | 10% | 14% | 33 | 41 |
| 日本 × 欧州 | 39-36-40-451/566 | 7% | 13% | 20% | 47 | 60 |
| 欧州 × 米国 | 18-24-18-282/342 | 5% | 12% | 18% | 45 | 60 |
| 欧州 × 日本 | 10-12-18-292/332 | 3% | 7% | 12% | 45 | 42 |
| 欧州 × 欧州 | 13-13-12-221/259 | 5% | 10% | 15% | 105 | 71 |

## 父 出現率上位データ

| 父 | | 着別度数 | 勝率 | 連対率 | 複勝率 | 単回値 | 複回値 |
|---|---|---|---|---|---|---|---|
| サウスヴィグラス | 米 | 20-22-13-191/246 | 8% | 17% | 22% | 123 | 81 |
| ゴールドアリュール | 日 | 15-19-12-93/139 | 11% | 25% | 33% | 48 | 113 |
| クロフネ | 米 | 12-14-8-112/146 | 8% | 18% | 23% | 38 | 55 |
| ダイワメジャー | 日 | 12-8-10-114/144 | 8% | 14% | 21% | 57 | 58 |
| キンシャサノキセキ | 日 | 12-4-11-49/76 | 16% | 21% | 36% | 75 | 100 |
| メイショウボーラー | 米 | 7-8-7-97/119 | 6% | 13% | 19% | 42 | 59 |
| パイロ | 米 | 10-7-4-54/75 | 13% | 23% | 28% | 104 | 124 |

## 母父 出現率上位データ

| 母父 | | 着別度数 | 勝率 | 連対率 | 複勝率 | 単回値 | 複回値 |
|---|---|---|---|---|---|---|---|
| フジキセキ | 日 | 14-11-12-152/189 | 7% | 13% | 20% | 145 | 94 |
| サンデーサイレンス | 日 | 12-10-13-163/198 | 6% | 11% | 18% | 58 | 48 |
| Storm Cat | 米 | 8-9-7-46/70 | 11% | 24% | 34% | 47 | 69 |

京都 ダ1200M

## 血統ビーム
# 亀谷敬正の見解

## 「米国指向のスピードの持続性」が 強く要求されるコース

　ダートスタートの平坦に近いコースで「米国指向のスピードの持続性」が強く要求されます。父米国型を買えば、2016年も2017年も単勝回収率が100％超のプラス収支です。出走馬の半分ぐらいが父米国型なのにこれだけの回収率を示しているのは、それだけ米国色が強いコースだからでしょう。ちなみに、父米国血統のワイドボックスも的中率は50％で、2年連続して回収率は90％以上です。

　米国血統は、前走6着以下の惨敗からでも巻き返す馬が多いのも特徴で、このコースでも前走6着以下の父米国型は期待値が高く、2年連続で単勝回収率150％以上を記録しています。5レースに1回（約20％）は前走6着以下の父米国型が優勝し、2レースに1回（約50％）は、前走6着以下の父米国型が3着以内に好走。該当馬の平均出走頭数は4.5頭です。

　また「距離短縮馬」はクラスが上がるほど好成績で、「特別レース」における短縮馬の成績は一気に上昇します。ただし、以前よりは「短縮の差しで大穴」というシチュエーションは減ってきていますね。そのぶん、父米国型の先行圧倒の割合が増えてきているんだと思います。

---

### 亀谷敬正　京都ダ1200mのポイント

## ◎父米国型の期待値が圧倒的に高く、前走6 着以下の惨敗からでも巻き返す馬が多い

## ◎「距離短縮馬」はクラスが上がるほど成績が良くなる

前走不利の錬金術師
# 双馬毅の見解

## 大穴ではなく、中穴を狙うコース

　昔はよく荒れたコースで、ものすごく得意にしていました。しかし、現在はあまり荒れなくなったため、自分のなかでの扱いが変わってきました。大穴ではなく、中穴を狙うコース。バントとまではいかないけれど、シングルヒットをコツコツと狙うコース。それが私にとっての京都ダ1200mです。

　一番の狙い目は東京ダ1400mと基本的に同じで、馬場が湿って軽くなったときと、稍重から良馬場に回復した乾きかけのとき。このタイミングでは短縮の差しが決まりやすくなり、人気薄の激走も増えます。ダートの千二で差せる馬をひたすら買う。この方針を貫いています。良馬場のときは堅く収まりやすいので大勝負には向きませんが、差しが決まる馬場であれば買ってもいいでしょう。

　後方一気のタイプを軸にするのはリスキーなので、好位から中団につけられる短縮の差し馬、それもある程度人気の馬に本命を打つことが多いです。そして、それよりも後方から突っ込んでくるイメージの持てる穴馬がターゲットになります。短縮の差し馬が複数頭いる場合は、無理に絞らずに手広く構えるのが鉄則です。「3頭を相手に選べば、1頭くらいは走ってくれるだろう。どれか来ないかな」。そんな感覚で

印を回しています。

　来るときはまとめて来てくれるので、ボックスで買うというのもひとつの手でしょう。以前、別の単行本でも書きましたが、「馬を買うというよりはレース質を買う」というスタンスで臨むべきコース。「短縮の差し馬を買うと決めたら全部買う」くらいの気持ちでいたほうがいいかもしれません。

　脚抜きの良いコンディションの京都のダートは、速い上がりの脚を使えないと話になりません。芝に実績があり、ダートもこなせそうな血統の馬なら期待が持てます。そういう馬を積極的に狙っていくといいでしょう。上級条件ほど切れる脚を使える馬が多くなるので、より狙いやすくなります。内枠の短縮馬が基本的に有利ですが、砂をかぶると良くないタイプにだけは注意してください。

　同じ関西圏の同距離ということで、阪神ダ1200mとよく比較されますが、阪神の千二は雨が降って馬場が軽くなっても差し決着は増えません。先行有利のまま、時計が速くなる。それが阪神です。雨が降ると芝のようになる京都のダートとは質がまったく違いますので、狙うタイプを切り替えるようにしっかり意識しましょう。

---

## 双馬毅　京都ダ1200mのポイント

◎一番の狙い目は、馬場が湿って軽くなったときと、乾きかけのとき

◎好位から中団につけられる短縮の差し馬に注目

◎芝に実績があり、ダートもこなせそうな血統の馬なら期待が持てる

---

## Sample Race

### 2016年10月23日　京都7R　3歳上500万下　ダ1200m良

| 着 | 枠 | 馬番 | 馬名 | 性齢 | 斤量 | タイム | 位置取り | 上がり | 人気 |
|---|---|---|---|---|---|---|---|---|---|
| 1 | 8 | 15 | サーティグランド | 牡4 | 55 | 1:11.7 | 15-16 | 35.2 | 2 |
| 2 | 2 | 4 | マイネルラック | 牡3 | 55 | 1:12.0 | 7-6 | 36.6 | 7 |
| 3 | 4 | 7 | ケイマ | 牡3 | 55 | 1:12.2 | 8-6 | 36.5 | 4 |

単勝450円　複勝190円 520円 260円　枠連1,060円　馬連5,430円
ワイド1,470円 600円 2,910円　馬単10,060円　三連複8,650円　三連単54,300円

### ケイマの前3走

| 日付 | レース名 | コース | 頭数 | 枠 | 馬番 | 位置取り | 上がり | 人気 | 着順 |
|---|---|---|---|---|---|---|---|---|---|
| 2016/4/30 | 3歳未勝利 | 京都ダ1400重 | 16 | 6 | 11 | 12-12 | 36.8 | 8 | 2 |
| 2016/5/21 | 3歳未勝利 | 京都ダ1400良 | 15 | 5 | 10 | | | | 取 |
| 2016/7/27 | カンナ賞 | 笠松ダ1400稍 | 10 | 8 | 9 | 3-3-2 | 37.2 | 1 | 1 |
| ▼ | | | | | | | | | |
| 2016/10/23 | 3歳上500万下 | 京都ダ1200良 | 16 | 4 | 7 | 8-6 | 36.5 | 4 | 3 |

　良馬場ながら差しが決まりやすい馬場だったので勝負レースに選びました。私が本命に推したのは⑦ケイマです。前走、地方競馬に出走していたこともあってか4番人気にとどまっていましたが、デビュー戦は既走馬相手に上がり最速の脚を披露して2着に好走するなど、もともと能力の高さを示していました。前走の笠松の千四のレースも好位追走から上がり最速で圧勝。スピードがあることはわかっており、距離短縮がハマるイメージしかありませんでした。非常に狙いやすいタイプでしたね。

　対抗は安定した差し脚が武器の⑮サーティグランド。2番人気でしたが、特にマイナス要素がなかったため、これ以下には落とせませんでした。

　3番手評価は初ダートの④マイネルラック。父オレハマッテルゼ、母父エンドスウィープならダートをこなしてもおかしくないですし、芝でもやれるスピードを持っていた点も、差しの決まる京都ダ1200m向きと言えました。内枠で砂をかぶって戦意喪失する可能性もあり、3番手としましたが、果敢に攻めるのならこの馬に本命を打つのもアリなレースでした。

　そして、この日の馬場傾向通り先行した馬は総崩れに終わり、私の印上位3頭が差してワンツースリー。3連単5万馬券をもたらしてくれました。

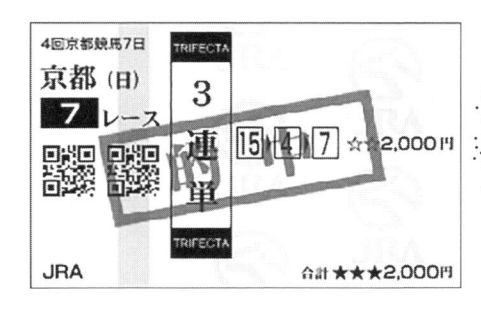

3連単
5万4300円
的中!!
108万6000円
の払い戻し!!

COURSE DATA

# 京都ダ1400m
## kyoto dirt_1400m

集計期間:2014年〜2017年11月26日(人気データ、トラックバイアスデータのみ2017年11月19日まで)

## 人気データ

| 人気ランク | 着別度数 | 勝率 | 連対率 | 複勝率 | 単回値 | 複回値 |
|---|---|---|---|---|---|---|
| A | 53-37-14-43/147 | 36% | 61% | 71% | 71 | 83 |
| B | 96-79-67-233/475 | 20% | 37% | 51% | 72 | 79 |
| C | 84-89-84-555/812 | 10% | 21% | 32% | 82 | 75 |
| D | 80-90-117-1369/1656 | 5% | 10% | 17% | 90 | 88 |
| E | 16-35-46-1741/1838 | 1% | 3% | 5% | 47 | 81 |

| 人気ランク | レース的中率 | 回収値 |
|---|---|---|
| 人気ランクA−Cのワイドボックス | 66.9% | 69.9 |
| 人気ランクA−Cの馬連ボックス | 45.0% | 75.9 |

## ローテーションデータ

| ローテーション | 着別度数 | 勝率 | 連対率 | 複勝率 | 単回値 | 複回値 |
|---|---|---|---|---|---|---|
| 距離延長 | 35-40-49-881/1005 | 4% | 8% | 12% | 47 | 50 |
| 同距離 | 195-191-182-1780/2348 | 8% | 16% | 24% | 72 | 82 |
| 距離短縮 | 68-70-69-898/1105 | 6% | 13% | 19% | 92 | 116 |

## トラックバイアスデータ

| | レース数 | 超外 | 外 | 超内 | 内 | なし |
|---|---|---|---|---|---|---|
| コース取り | 329 | 3% | 22% | 3% | 16% | 57% |

| | レース数 | 超差し | 差し | 超前 | 前 | なし |
|---|---|---|---|---|---|---|
| 位置取り | 329 | 8% | 26% | 0% | 4% | 61% |

## 父の国分類データ

| 国分類 | 着別度数 | 勝率 | 連対率 | 複勝率 | 単回値 | 複回値 |
|---|---|---|---|---|---|---|
| 米国 | 157-143-127-1557/1984 | 8% | 15% | 22% | 80 | 78 |
| 日本 | 106-125-124-1405/1760 | 6% | 13% | 20% | 75 | 86 |
| 欧州 | 68-64-79-1005/1216 | 6% | 11% | 17% | 48 | 84 |

## 父×母父の国分類データ

| 父×母父の国分類 | 着別度数 | 勝率 | 連対率 | 複勝率 | 単回値 | 複回値 |
|---|---|---|---|---|---|---|
| 米国 × 米国 | 70-62-52-558/742 | 9% | 18% | 25% | 86 | 78 |
| 米国 × 日本 | 42-43-34-489/608 | 7% | 14% | 20% | 56 | 74 |
| 米国 × 欧州 | 45-38-41-510/634 | 7% | 13% | 20% | 96 | 81 |
| 日本 × 米国 | 60-70-64-708/902 | 7% | 14% | 22% | 71 | 88 |
| 日本 × 日本 | 3-4-12-96/115 | 3% | 6% | 17% | 28 | 83 |
| 日本 × 欧州 | 43-51-48-601/743 | 6% | 13% | 19% | 86 | 83 |
| 欧州 × 米国 | 35-26-30-328/419 | 8% | 15% | 22% | 68 | 85 |
| 欧州 × 日本 | 13-15-23-362/413 | 3% | 7% | 12% | 26 | 65 |
| 欧州 × 欧州 | 20-23-26-315/384 | 5% | 11% | 18% | 51 | 103 |

## 父 出現率上位データ

| 父 | | 着別度数 | 勝率 | 連対率 | 複勝率 | 単回値 | 複回値 |
|---|---|---|---|---|---|---|---|
| ダイワメジャー | 日 | 21-19-17-116/173 | 12% | 23% | 33% | 115 | 93 |
| キングカメハメハ | 欧 | 19-13-16-117/165 | 12% | 19% | 29% | 75 | 91 |
| クロフネ | 米 | 11-22-11-139/183 | 6% | 18% | 24% | 73 | 92 |
| ゴールドアリュール | 日 | 13-13-16-144/186 | 7% | 14% | 23% | 45 | 110 |
| エンパイアメーカー | 米 | 12-11-9-92/124 | 10% | 19% | 26% | 38 | 106 |
| パイロ | 米 | 15-4-11-48/78 | 19% | 24% | 39% | 117 | 115 |
| メイショウボーラー | 米 | 11-13-5-106/135 | 8% | 18% | 22% | 79 | 67 |

## 母父 出現率上位データ

| 母父 | | 着別度数 | 勝率 | 連対率 | 複勝率 | 単回値 | 複回値 |
|---|---|---|---|---|---|---|---|
| サンデーサイレンス | 日 | 15-14-23-187/239 | 6% | 12% | 22% | 60 | 77 |
| ブライアンズタイム | 欧 | 11-15-13-111/150 | 7% | 17% | 26% | 46 | 95 |
| ダンスインザダーク | 日 | 11-7-11-115/144 | 8% | 13% | 20% | 32 | 81 |

## 血統ビーム
# 亀谷敬正の見解

## 10年以上さびれることがない格言
## 「京都ダート千四は外枠の短縮」

　7〜8枠の距離短縮。これがこのコースを攻略するキーワードになります。外枠に入った短縮馬で、血統的に変わり身の見込める馬を選べば、自ずと結果はついてくる。それは紛れもない事実です。ボクは10年以上、「京都ダート千四は外枠の短縮」と言い続けてきていますが、この格言がまったくさびれることはありませんからね。

　ボクの理論を参考にしてくれている方はみんな知っている。それでも儲かる。要するに、〝コースと馬場の構造〟をしっかり意識し、馬券に取り入れるという勝利に不可欠の行為を怠っている方が、それだけ多いということでしょう。

　血統的に走りやすいのは、エーピーインディ系やボールドルーラー系。ストームキャットの系統もまぁまぁです。エンパイアメーカーなんかはめちゃくちゃ走りますね。ダートのなかでは芝の中距離寄りのスピード要素が入っているコースで、母父ブライアンズタイムというのも合います。ゴールドアリュールやキングカメハメハも悪くはありません。

　基本、米国型が強いコースですが、サウスヴィグラスのように千二に特化したタイプは一枚落ちる。このポイントも、覚えておいて損はないでしょう。中距離も走れるタイプのダートの名血で、千七や千八でダメだった馬の短縮の巻き返しを狙いやすいコース。そう認識してください。

　『競馬研究所』サイトの「亀谷ポイント」の血と注のマークが付いて

いる外枠の短縮馬だけ買っていればだいたい当たります。以上。で終わらせても良いコース（笑）。

---

## 亀谷敬正　京都ダ1400mのポイント

◎キーワードは「7〜8枠の距離短縮」

◎注目血統はエーピーインディ系、ボールドルーラー系、ストームキャットの系統、エンパイアメーカー、母父ブライアンズタイム、ゴールドアリュール、キングカメハメハ

◎サウスヴィグラスのように千二に特化したタイプは一枚落ちる

---

### 🔍 Sample Race

**2017年11月5日　京都1R　2歳未勝利　ダ1400m良**

| 着 | 枠 | 馬番 | 馬名 | 父 | 母父 | 前走コース | 人気 |
|---|---|---|---|---|---|---|---|
| 1 | 7 | 10 | ティカル | ヘニーヒューズ | タイキシャトル | 京都ダ1800 | 3 |
| 2 | 6 | 9 | カフジデューク | ハーツクライ | ブライアンズタイム | 東京芝2000 | 2 |
| 3 | 7 | 11 | ミトノブラック | ゴールドヘイロー | サクラバクシンオー | 京都ダ1800 | 9 |
| 4 | 1 | 1 | ナムラキヌ | ゼンノロブロイ | エンドスウィープ | 京都ダ1400 | 1 |

単勝960円　複勝660円 630円 1,630円　枠連2,650円　馬連3,470円
ワイド980円 3,660円 4,540円　馬単7,270円　三連複43,490円　三連単254,490円

　1着ティカルは、7枠の距離短縮馬で、かつ父がストームキャット系のヘニーヒューズ。2着のカフジデュークは、距離短縮かつ母父ブライアンズタイム。3着のミトノブラックは7枠の距離短縮馬だった。なお、1番人気のナムラキヌは1枠1番に入り、単勝1.5倍で4着に敗れている。

COURSE DATA

# 京都ダ1800m
## kyoto dirt_1800m

集計期間:2014年〜2017年11月26日(人気データ、トラックバイアスデータのみ2017年11月19日まで)

## 人気データ

| 人気ランク | 着別度数 | 勝率 | 連対率 | 複勝率 | 単回値 | 複回値 |
|---|---|---|---|---|---|---|
| A | 67-50-27-79/223 | 30% | 53% | 65% | 59 | 75 |
| B | 155-119-82-287/643 | 24% | 43% | 55% | 90 | 84 |
| C | 90-119-113-672/994 | 9% | 21% | 32% | 66 | 79 |
| D | 99-123-169-1631/2022 | 5% | 11% | 19% | 92 | 91 |
| E | 28-26-48-1980/2082 | 1% | 3% | 5% | 107 | 76 |

| 人気ランク | レース的中率 | 回収値 |
|---|---|---|
| 人気ランクA〜Cのワイドボックス | 71.9% | 67.1 |
| 人気ランクA〜Cの馬連ボックス | 44.7% | 71.0 |

## ローテーションデータ

| ローテーション | 着別度数 | 勝率 | 連対率 | 複勝率 | 単回値 | 複回値 |
|---|---|---|---|---|---|---|
| 距離延長 | 75-53-79-1152/1359 | 6% | 9% | 15% | 99 | 78 |
| 同距離 | 292-313-284-2550/3439 | 9% | 18% | 26% | 97 | 88 |
| 距離短縮 | 41-42-47-606/736 | 6% | 11% | 18% | 51 | 66 |

## トラックバイアスデータ

| | レース数 | 超外 | 外 | 超内 | 内 | なし |
|---|---|---|---|---|---|---|
| コース取り | 439 | 1% | 10% | 2% | 10% | 77% |

| | レース数 | 超差し | 差し | 超前 | 前 | なし |
|---|---|---|---|---|---|---|
| 位置取り | 439 | 4% | 21% | 0% | 3% | 72% |

## 父の国分類データ

| 国分類 | 着別度数 | 勝率 | 連対率 | 複勝率 | 単回値 | 複回値 |
|---|---|---|---|---|---|---|
| 米国 | 168-166-144-1505/1983 | 9% | 17% | 24% | 110 | 94 |
| 日本 | 160-154-175-1819/2308 | 7% | 14% | 21% | 91 | 80 |
| 欧州 | 114-120-123-1364/1721 | 7% | 14% | 21% | 69 | 70 |

## 父×母父の国分類データ

| 父×母父の国分類 | 着別度数 | 勝率 | 連対率 | 複勝率 | 単回値 | 複回値 |
|---|---|---|---|---|---|---|
| 米国 × 米国 | 77-62-55-503/697 | 11% | 20% | 28% | 151 | 109 |
| 米国 × 日本 | 43-66-52-518/679 | 6% | 16% | 24% | 87 | 87 |
| 米国 × 欧州 | 48-38-37-484/607 | 8% | 14% | 20% | 89 | 85 |
| 日本 × 米国 | 91-82-83-898/1154 | 8% | 15% | 22% | 99 | 77 |
| 日本 × 日本 | 5-9-6-82/102 | 5% | 14% | 20% | 19 | 53 |
| 日本 × 欧州 | 64-63-86-839/1052 | 6% | 12% | 20% | 89 | 87 |
| 欧州 × 米国 | 32-33-37-454/556 | 6% | 12% | 18% | 66 | 64 |
| 欧州 × 日本 | 56-50-59-545/710 | 8% | 15% | 23% | 48 | 73 |
| 欧州 × 欧州 | 26-37-27-365/455 | 6% | 14% | 20% | 105 | 74 |

## 父 出現率上位データ

| 父 | | 着別度数 | 勝率 | 連対率 | 複勝率 | 単回値 | 複回値 |
|---|---|---|---|---|---|---|---|
| キングカメハメハ | 欧 | 49-28-30-234/341 | 14% | 23% | 31% | 80 | 80 |
| クロフネ | 米 | 24-19-23-162/228 | 11% | 19% | 29% | 79 | 65 |
| エンパイアメーカー | 米 | 20-22-17-180/239 | 8% | 18% | 25% | 126 | 85 |
| ゴールドアリュール | 日 | 19-17-17-187/240 | 8% | 15% | 22% | 102 | 68 |
| シンボリクリスエス | 欧 | 16-22-14-150/202 | 8% | 19% | 26% | 110 | 80 |
| アグネスデジタル | 米 | 16-15-12-67/110 | 15% | 28% | 39% | 130 | 102 |
| ハーツクライ | 日 | 10-16-14-113/153 | 7% | 17% | 26% | 66 | 80 |

## 母父 出現率上位データ

| 母父 | | 着別度数 | 勝率 | 連対率 | 複勝率 | 単回値 | 複回値 |
|---|---|---|---|---|---|---|---|
| サンデーサイレンス | 日 | 37-37-34-351/459 | 8% | 16% | 24% | 70 | 68 |
| ブライアンズタイム | 欧 | 20-16-23-157/216 | 9% | 17% | 27% | 130 | 96 |
| フレンチデピュティ | 米 | 22-16-11-160/209 | 11% | 18% | 23% | 85 | 77 |

京都

ダ1800m

## 血統ビーム
# 亀谷敬正の見解

## 平坦ダートは父米国型天国
## ここも徹底した米国指向が要求されやすいコース

ダート1200m同様、徹底した米国指向が要求されやすいコースです。京都のダートは平坦に近い。平坦ダートは父米国型天国。この図式は崩れようがありません。京都以外のダート千八だと父米国型は軽すぎて、欧州的要素が問われるケースも多くなるんですが、このコースは多くのレースで生粋米国型が躍動しています。

言うまでもなく、父米国型の単勝回収率は3年連続で100％オーバー。母父米国型の単勝回収率も3年連続で95％以上を記録しています。複勝回収率に関しては、父も母父も米国型は3年連続のプラスです。

父米国型の特徴として、前走6着以下の凡走からの巻き返しの期待値が高いことは何度も解説してきましたが、このコースも「前走6着以下」の「父米国型」は高回収率。3年連続で単勝回収率150％以上、複勝回収率もプラス収支を達成しています。

該当馬の平均出走頭数は3頭。約40％のレースで3頭のうちのいずれかが馬券になっているんです。3連複、3連単は「父米国型の前走惨敗」という条件だけで買い目に入れるのは全然アリでしょう。

いずれかの馬が勝つ確率は約15％。これは狙って取るのは厳しい感じもしますので、馬単や3連単のマルチの相手には入れる、という感じですかね。

京都 ダ1800m

## 亀谷敬正　京都ダ1800mのポイント

◎父米国型天国

◎母父米国型も期待値高い

◎「前走6着以下」の「父米国型」は高回収率

◎3連複、3連単は「父米国型の前走惨敗」という条件だけで買い目に入れたい

### Sample Race

2017年11月12日　京都10R　観月橋S　ダ1800m良

| 着 | 枠 | 馬番 | 馬名 | 父 | 母父 | 前走コース | 人気 |
|---|---|---|---|---|---|---|---|
| 1 | 3 | 3 | ラインルーフ | フレンチデピュティ(米) | スペシャルウィーク(日) | 京都ダ1900・14着 | 12 |
| 2 | 8 | 11 | クリノリトミシュル | アグネスデジタル(米) | ネオユニヴァース(日) | 京都ダ1800・6着 | 2 |
| 3 | 7 | 9 | エポック | ヴァーミリアン(欧) | Deputy Minister(米) | 京都ダ1800・9着 | 4 |
| 4 | 5 | 6 | テンザワールド | ダイワメジャー(日) | トワイニング(米) | 京都ダ1800・2着 | 1 |

単勝12,490円　複勝2,430円 160円 240円　枠連9,360円　馬連28,480円
ワイド7,930円 9,370円 470円　馬単85,790円　三連複45,780円　三連単525,940円

「父米国型」に該当したのは、ラインルーフ、ヴァローア、クリノリトミシュルの3頭で、そのうち2頭のワンツー決着となった。いずれも「前走6着以下」と、米国型の期待値の高いパターンにも該当していた。

# 阪神競馬場

## HANSHIN RACECOURSE

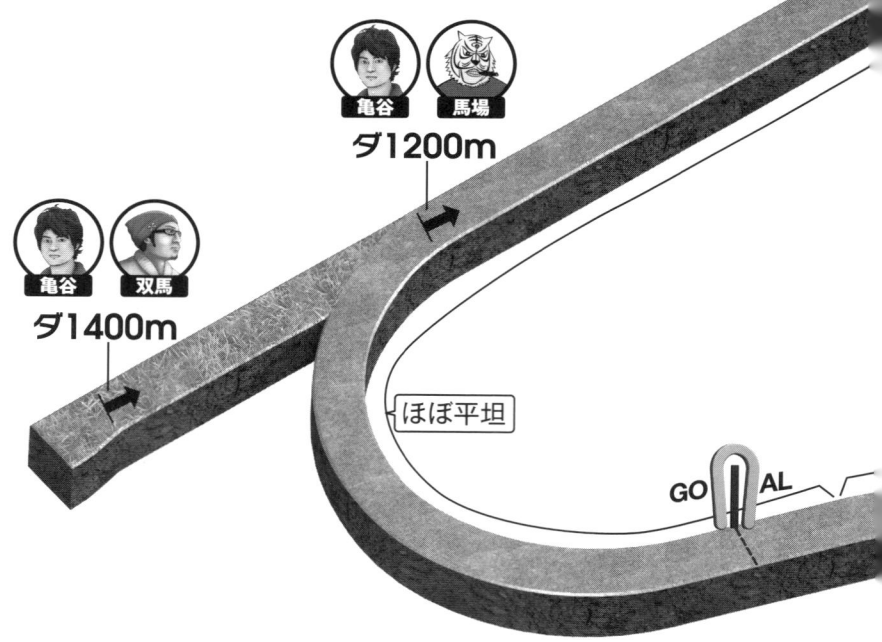

亀谷　馬場
ダ1200m

亀谷　双馬
ダ1400m

ほぼ平坦

GOAL

## 脚をためづらいコース設計で先行有利！

　同じ関西圏かつ主要コースが千二、千四、千八ということもあり、京都の
ダートの成績を参考にするファンもいるが、特徴がまったく異なるのでそれ
は意味がない。阪神のほうがコーナーはキツめで、ゴール前に坂もある。砂
質も重い。京都よりもはるかにタフなコースである。脚をためづらいコース

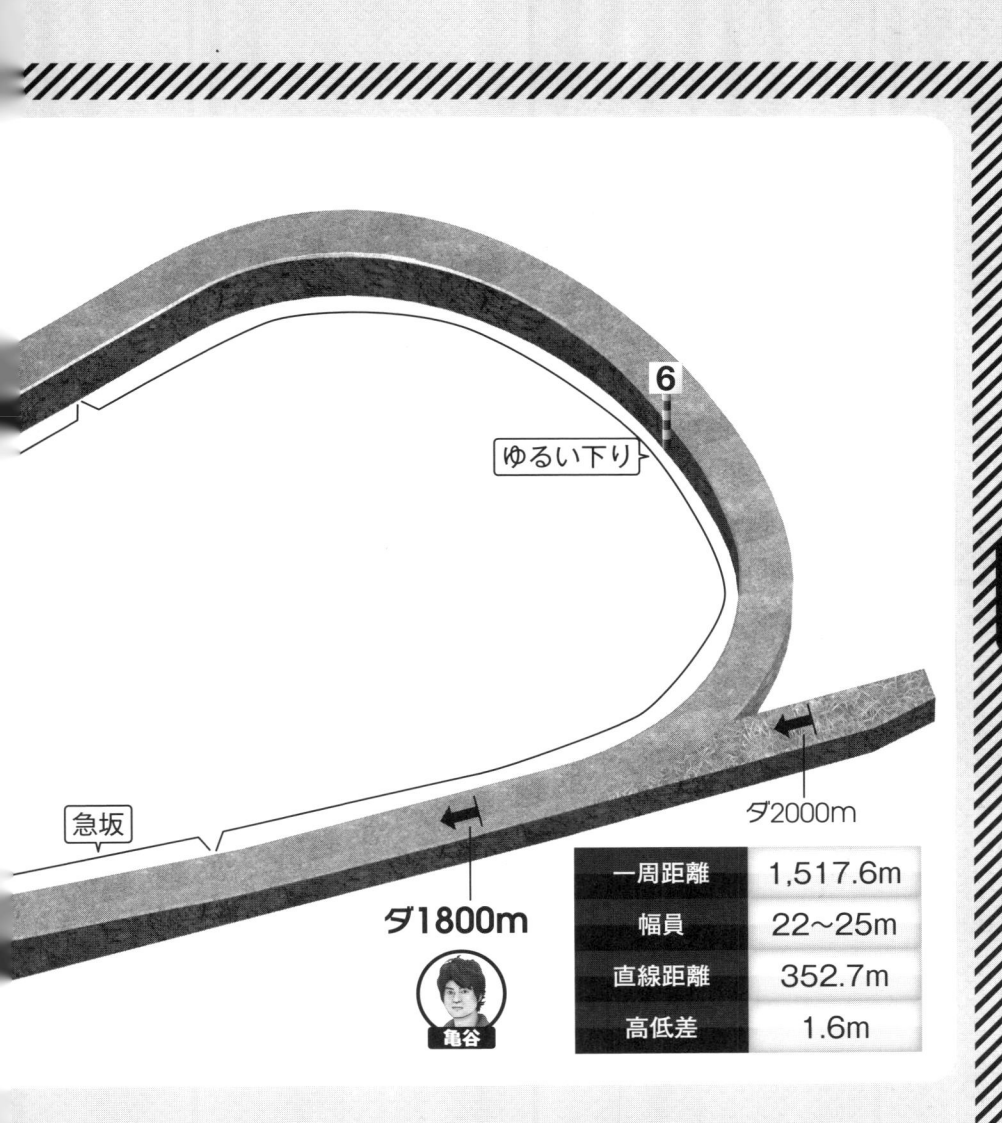

**6** ゆるい下り

ダ2000m

急坂

ダ1800m

亀谷

| 一周距離 | 1,517.6m |
|---|---|
| 幅員 | 22〜25m |
| 直線距離 | 352.7m |
| 高低差 | 1.6m |

設計ゆえに簡単には差せない。ただし、中山ほどタフではないため、ゴール前で全馬がバテバテになるケースは少ない。中山よりも平均して上がりが速く、結果的に先行馬が残りやすくなっている。夏場に砂を洗浄することにより9月の開催の馬場は軽くなりやすいが、それは中山と同じ理屈である。ここ最近、全体的に時計が速くなりつつあるので動向を注視したい。

COURSE DATA

# 阪神ダ1200m

## hanshin dirt_1200m

阪神 ダ1200m

集計期間:2014年〜2017年11月26日(人気データ、トラックバイアスデータのみ2017年11月19日まで)

## 人気データ

| 人気ランク | 着別度数 | 勝率 | 連対率 | 複勝率 | 単回値 | 複回値 |
|---|---|---|---|---|---|---|
| A | 45-30-11-30/116 | 39% | 65% | 74% | 74 | 86 |
| B | 60-54-48-133/295 | 20% | 39% | 55% | 74 | 85 |
| C | 55-65-63-378/561 | 10% | 21% | 33% | 85 | 80 |
| D | 53-61-83-900/1097 | 5% | 10% | 18% | 106 | 94 |
| E | 10-14-17-1274/1315 | 1% | 2% | 3% | 47 | 35 |

| 人気ランク | レース的中率 | 回収値 |
|---|---|---|
| 人気ランクA〜Cのワイドボックス | 76.2% | 79.8 |
| 人気ランクA〜Cの馬連ボックス | 46.2% | 72.2 |

## ローテーションデータ

| ローテーション | 着別度数 | 勝率 | 連対率 | 複勝率 | 単回値 | 複回値 |
|---|---|---|---|---|---|---|
| 距離延長 | 22-22-23-256/323 | 7% | 14% | 21% | 96 | 71 |
| 同距離 | 130-131-135-1378/1774 | 7% | 15% | 22% | 86 | 69 |
| 距離短縮 | 54-56-47-855/1012 | 5% | 11% | 16% | 58 | 60 |

## トラックバイアスデータ

| | レース数 | 超外 | 外 | 超内 | 内 | なし |
|---|---|---|---|---|---|---|
| コース取り | 223 | 1% | 21% | 1% | 10% | 67% |

| | レース数 | 超差し | 差し | 超前 | 前 | なし |
|---|---|---|---|---|---|---|
| 位置取り | 223 | 1% | 14% | 0% | 5% | 80% |

## 父の国分類データ

| 国分類 | 着別度数 | 勝率 | 連対率 | 複勝率 | 単回値 | 複回値 |
|---|---|---|---|---|---|---|
| 米国 | 111-117-117-1190/1535 | 7% | 15% | 23% | 76 | 75 |
| 日本 | 73-70-61-882/1086 | 7% | 13% | 19% | 75 | 63 |
| 欧州 | 39-37-44-643/763 | 5% | 10% | 16% | 76 | 60 |

## 父×母父の国分類データ

| 父×母父の国分類 | 着別度数 | 勝率 | 連対率 | 複勝率 | 単回値 | 複回値 |
|---|---|---|---|---|---|---|
| 米国 × 米国 | 57-47-40-426/570 | 10% | 18% | 25% | 89 | 73 |
| 米国 × 日本 | 27-39-42-403/511 | 5% | 13% | 21% | 77 | 82 |
| 米国 × 欧州 | 27-31-35-361/454 | 6% | 13% | 21% | 58 | 71 |
| 日本 × 米国 | 40-34-24-415/513 | 8% | 14% | 19% | 65 | 49 |
| 日本 × 日本 | 5-7-2-100/114 | 4% | 11% | 12% | 98 | 46 |
| 日本 × 欧州 | 28-29-35-367/459 | 6% | 12% | 20% | 81 | 82 |
| 欧州 × 米国 | 16-9-17-218/260 | 6% | 10% | 16% | 46 | 55 |
| 欧州 × 日本 | 11-13-14-215/253 | 4% | 10% | 15% | 130 | 62 |
| 欧州 × 欧州 | 12-15-13-210/250 | 5% | 11% | 16% | 51 | 63 |

## 父 出現率上位データ

| 父 | | 着別度数 | 勝率 | 連対率 | 複勝率 | 単回値 | 複回値 |
|---|---|---|---|---|---|---|---|
| サウスヴィグラス | 米 | 20-15-15-121/171 | 12% | 21% | 29% | 204 | 112 |
| クロフネ | 米 | 13-8-15-79/115 | 11% | 18% | 31% | 158 | 131 |
| ゴールドアリュール | 日 | 13-13-6-86/118 | 11% | 22% | 27% | 57 | 64 |
| ダイワメジャー | 日 | 7-10-8-87/112 | 6% | 15% | 22% | 141 | 71 |
| パイロ | 米 | 6-7-8-46/67 | 9% | 19% | 31% | 92 | 87 |
| キンシャサノキセキ | 日 | 7-6-6-57/76 | 9% | 17% | 25% | 96 | 77 |
| メイショウボーラー | 米 | 6-9-4-78/97 | 6% | 16% | 20% | 32 | 65 |

## 母父 出現率上位データ

| 母父 | | 着別度数 | 勝率 | 連対率 | 複勝率 | 単回値 | 複回値 |
|---|---|---|---|---|---|---|---|
| フジキセキ | 日 | 11-10-16-118/155 | 7% | 14% | 24% | 154 | 103 |
| サンデーサイレンス | 日 | 7-10-7-124/148 | 5% | 12% | 16% | 58 | 55 |
| フレンチデビュティ | 米 | 5-8-6-50/69 | 7% | 19% | 28% | 28 | 84 |

## 血統ビーム
# 亀谷敬正の見解

## 人気のサンデーが飛びやすいコース
## 見つけたら逆張りで勝負!!

　前に行ける脚のある父米国型。これだけをひたすら買っていれば、阪神ダ1200mではおそらく勝てると思います。

　父米国型の人気ランクA～Dにおける2014年～2017年の単複の回収率はいずれも90%以上です。

　トータルでは外目の枠のほうが行き脚がつきやすく、8番ゲートより外の馬は単勝回収率100%、複勝回収率109%となっています。

　もちろん、雨などで極端な内有利の状況が発生するときはありますが、標準的なパサパサダートは外目が有利になりやすいのです。短縮馬はさらに期待値が上昇し、単勝回収率170%、複勝回収率156%をマークしています。

　王道血統はサウスヴィグラスやエンパイアメーカー。特に前走で先行しながらも崩れた馬、ハイペースに巻き込まれた馬、内枠で砂をかぶって負けた馬が絶好の狙い目。ほぼ確実に人気を落としますからね。このコースで、これらの巻き返しを狙っていくだけでいいんです。あんまり複雑に考える必要はありません。自分の公開予想を振り返ると、そんなパターンばっかり狙っています。

　最悪なのはサンデー系の差し馬です。もう、笑っちゃうくらいに人気で飛んでくれます。例えば、前走京都ダ1200mに出走していたサンデー系の3番人気以内の成績を見ると、単勝回収率31%、複勝回収率46%というひどいありさま。3番人気以内の3割をサンデー系の馬が占めるので、弁解の余地がありません。統計上、この結果が単なる偶然

ではないということです。

　前走、差して好走したサンデー系が人気になっていたら穴を獲る絶好のチャンス。なかでも差しの決まりやすい京都組であれば、勝負レース確定と考えてください。

　逆張りするだけでプラスになりますからね。ボクは「人気のサンデーが飛びやすいコース」ばかりで勝負していますが、阪神ダ1200mは代表格のひとつ。ルメールやデムーロだって内枠のサンデー系の差し馬は、動かせずに消えますから。

---

## 亀谷敬正　阪神ダ1200mのポイント

◎**前に行ける脚のある父米国型をひたすら買う（特に8番ゲートより外の馬）**

◎**短縮馬はさらに期待値が上昇**

◎**王道血統はサウスヴィグラス、エンパイアメーカー**

◎**前走、差して好走したサンデー系が人気になっていたら穴を獲る絶好のチャンス（特に前走京都組であれば勝負レース確定）**

## トラックバイアス分析のプロ
# 馬場虎太郎の見解

## 「前に行ってナンボ」のコースだけに 人気を落とした先行馬を狙う

　阪神ダ1200mは際立った特徴のあるコースというわけではないのですが、妙味のある穴馬や危険な人気馬を特定しやすいので取り上げました。カタにハマるタイプがいれば、狙い目を絞りやすいです。オッズと実力・適性の乖離が発生しやすいコースというふうに認識してください。

　ターゲットはひたすら先行馬です。ダート千二のなかでもとりわけテンのスピードが求められるコースで、ダッシュ力のある馬を買い続けるに限ります。行った行ったの競馬は多いですし、先行勢が上位独占というケースも日常茶飯事。同じ関西圏のダート千二でも京都の場合は差しも決まりますが、阪神はそう簡単には差せません。

　注目すべきは、前走で先行して凡走していた馬と、差して好走していた馬。前者は妙味のある穴馬に、後者は危険な人気馬に、それぞれなり得てくれます。特に差し有利の京都からのローテで臨む馬が格好の獲物。前走の走りがウソだったかのように、一変して走る馬（凡走する馬）が頻繁に現れます。たとえ前走が京都でなくても、前走先行凡走馬の巻き返しは狙いやすいです。

　ダートの短距離戦は、基本的に「前に行ける馬が強い」という不変の法則が存在します。しかし、能力の高い馬が前に行ったからと言って、常に好走できるわけではありません。負けるときは負けます。差し有利の馬場であれば、普通に負けます。大事なのは、そこで「弱い馬」と決め付けずに、その能力を生かせる場を探すこと。「前に行って

ナンボ」の阪神の千二は、そういう実力馬たちが人気を落としつつも意地の激走を見せることが多いコースなのです。強いのに人気のない馬を見つけやすいという点においては、屈指のコースと言えるでしょう。前走の敗因さえハッキリしていれば、先行馬は強気に狙っていけます。

なお、枠順はさほど気にする必要はありません。一にも二にもテンのスピード。それを常に意識して、オイシイ穴馬を探してみてください。

## 馬場虎太郎　阪神ダ1200mのポイント

◎ターゲットはひたすら先行馬

◎先行勢が上位独占というケースも日常茶飯事

◎特に差し有利の京都からのローテで臨む馬に注目（先行して凡走していた馬を狙い、差して好走した馬を嫌う）

◎強いのに人気のない馬を見つけやすいという点においては、屈指のコース

# 阪神ダ1400m

hanshin dirt_1400m

COURSE DATA

集計期間:2014年～2017年11月26日（人気データ、トラックバイアスデータのみ2017年11月19日まで）

## 人気データ

| 人気ランク | 着別度数 | 勝率 | 連対率 | 複勝率 | 単回値 | 複回値 |
|---|---|---|---|---|---|---|
| A | 52-30-11-31/124 | 42% | 66% | 75% | 85 | 88 |
| B | 89-81-56-161/387 | 23% | 44% | 58% | 81 | 87 |
| C | 72-85-91-468/716 | 10% | 22% | 35% | 74 | 81 |
| D | 56-60-83-1175/1374 | 4% | 8% | 15% | 67 | 63 |
| E | 8-21-38-1535/1602 | 1% | 2% | 4% | 25 | 58 |

| 人気ランク | レース的中率 | 回収値 |
|---|---|---|
| 人気ランクA－Cのワイドボックス | 76.9% | 88.8 |
| 人気ランクA－Cの馬連ボックス | 52.0% | 73.0 |

## ローテーションデータ

| ローテーション | 着別度数 | 勝率 | 連対率 | 複勝率 | 単回値 | 複回値 |
|---|---|---|---|---|---|---|
| 距離延長 | 44-44-46-814/948 | 5% | 9% | 14% | 63 | 60 |
| 同距離 | 152-161-159-1424/1896 | 8% | 17% | 25% | 52 | 76 |
| 距離短縮 | 69-58-57-891/1075 | 6% | 12% | 17% | 58 | 62 |

## トラックバイアスデータ

| | レース数 | 超外 | 外 | 超内 | 内 | なし |
|---|---|---|---|---|---|---|
| コース取り | 277 | 3% | 20% | 3% | 7% | 67% |

| | レース数 | 超差し | 差し | 超前 | 前 | なし |
|---|---|---|---|---|---|---|
| 位置取り | 277 | 1% | 20% | 0% | 3% | 76% |

阪神 ダ1400m

## 父の国分類データ

| 国分類 | 着別度数 | 勝率 | 連対率 | 複勝率 | 単回値 | 複回値 |
|---|---|---|---|---|---|---|
| 米国 | 142-113-108-1309/1672 | 9% | 15% | 22% | 62 | 69 |
| 日本 | 79-102-107-1207/1495 | 5% | 12% | 19% | 44 | 67 |
| 欧州 | 56-62-64-854/1036 | 5% | 11% | 18% | 56 | 64 |

## 父×母父の国分類データ

| 父×母父の国分類 | 着別度数 | 勝率 | 連対率 | 複勝率 | 単回値 | 複回値 |
|---|---|---|---|---|---|---|
| 米国 × 米国 | 71-47-44-458/620 | 12% | 19% | 26% | 96 | 85 |
| 米国 × 日本 | 33-29-30-451/543 | 6% | 11% | 17% | 42 | 56 |
| 米国 × 欧州 | 38-37-34-400/509 | 8% | 15% | 21% | 43 | 65 |
| 日本 × 米国 | 44-65-53-553/715 | 6% | 15% | 23% | 43 | 72 |
| 日本 × 日本 | 5-4-7-90/106 | 5% | 9% | 15% | 38 | 55 |
| 日本 × 欧州 | 30-33-47-564/674 | 5% | 9% | 16% | 45 | 64 |
| 欧州 × 米国 | 21-23-24-290/358 | 6% | 12% | 19% | 43 | 71 |
| 欧州 × 日本 | 14-20-24-307/365 | 4% | 9% | 16% | 28 | 64 |
| 欧州 × 欧州 | 21-19-16-257/313 | 7% | 13% | 18% | 103 | 54 |

## 父 出現率上位データ

| 父 | | 着別度数 | 勝率 | 連対率 | 複勝率 | 単回値 | 複回値 |
|---|---|---|---|---|---|---|---|
| クロフネ | 米 | 14-12-17-114/157 | 9% | 17% | 27% | 37 | 65 |
| キングカメハメハ | 欧 | 9-12-16-113/150 | 6% | 14% | 25% | 47 | 83 |
| エンパイアメーカー | 米 | 15-9-9-92/125 | 12% | 19% | 26% | 99 | 90 |
| ゴールドアリュール | 日 | 9-11-13-121/154 | 6% | 13% | 21% | 38 | 37 |
| メイショウボーラー | 米 | 12-6-9-73/100 | 12% | 18% | 27% | 86 | 82 |
| サウスヴィグラス | 米 | 9-7-10-74/100 | 9% | 16% | 26% | 60 | 80 |
| ダイワメジャー | 日 | 5-14-5-116/140 | 4% | 14% | 17% | 20 | 42 |

## 母父 出現率上位データ

| 母父 | | 着別度数 | 勝率 | 連対率 | 複勝率 | 単回値 | 複回値 |
|---|---|---|---|---|---|---|---|
| サンデーサイレンス | 日 | 11-11-12-216/250 | 4% | 9% | 14% | 36 | 38 |
| フレンチデピュティ | 米 | 7-10-9-89/115 | 6% | 15% | 23% | 60 | 76 |
| Storm Cat | 米 | 7-6-13-50/76 | 9% | 17% | 34% | 59 | 154 |

阪神 ダ1400m

## 血統ビーム
# 亀谷敬正の見解

## 通常の馬場では人気馬の期待値が高いが 雨が降れば荒れる条件に変わる!!

このコースは5番ゲートより内の人気馬の好走率が下がります。父サンデー系もやや好走率が低めです。5番ゲートより内もしくは父サンデー系を除いた推定人気順位1〜4位の2014〜2017年における回収率は、単複ともに95％以上。ここからさらに延長馬を除外すると、回収率は単複いずれも105％を超えます。

該当馬が複数いた際のワイドボックスの的中率は49％、回収率は112％で、4年連続して年単位の回収率はプラスです。馬連ボックスは的中率24％、回収率120％。これだけ人気馬の期待値が高いと、人気薄を狙うのは効率が悪いと言わざるを得ません。

ただし、水分を含んだ軽いダート（JRAで重、不良と発表されるようなダート）になれば、話は別。人気薄の期待値がグッと上がります。ボクがホームページ『競馬放送局』で阪神ダート1400mを勝負レースに選んだときを振り返っても、重と不良ばかりでした。

軽いダートで成績を劇的に上げるのは、父がサンデーサイレンス系の馬。あとは父が米国型も人気薄の期待値が上がります。軽いダートになると、通常のダートでは要求されない芝のようなスピードが生きる馬場に変わるから、サンデー系の期待値が上がるわけですね。

ミスプロ系では、エンパイアメーカーのような高速ダートの中距離にも強い血統に注目してください。軽いダートになっても内枠の馬が走りづらいのは一緒で、延長組の期待値が低いのも同じです。

まとめます。雨が降ったら……

阪神 ダ1400m

・米国型ミスプロ系orサンデー系

・延長以外、7番ゲートより外枠の馬

　これらの人気薄を積極的に狙っていきましょう。人気馬からコツコツ当てたい方は、乾いたダートのときに狙いを定めてください。

---

## 亀谷敬正　阪神ダ1400mのポイント

**◎5番ゲートより内の人気馬が不振**

**◎延長ローテの期待値が低い**

**◎基本的に人気馬の期待値が高いが、水分を含んだ軽いダートでは人気薄の期待値が上がる**

**◎軽いダートではサンデー系や、エンパイアメーカーのような米国型ミスプロ系が穴をあけやすい**

阪神
ダ1400m

## 前走不利の錬金術師
# 双馬毅の見解

## コース構造と主要ローテによって
## 延長ローテが苦戦を強いられるコース

　考え方は東京ダ1600mとまったく同じです。超大穴を積極的に狙っていくコースではなく、コツコツと当てにいくコース。2桁人気の穴馬から入るのではなく、例えば1番人気が延長ローテで不安のあるときに2〜5番人気を軸に攻めるのが正解のコース。これが阪神ダ1400mに対する私の認識です。

　このコースは距離延長がキツいのですが、その理由も東京ダ1600mと一緒。コースの構造と、主要ローテが大きく関わってきています。延長の場合、前走が京都か阪神の千二というケースが多いです。いずれも千二はダートスタートで、テンの3ハロンは35秒くらいかかります。にもかかわらず、千四は芝スタートゆえに34秒台もざら。そしてゴールは前走よりも200m遠くなる。この二重苦によって、延長馬はたいてい苦戦を強いられるのです。特に前半から飛ばす先行馬にとっては、たまったものではありません。

　ちなみに、京都ダ1400mも芝スタートですので、阪神同様に延長は大きな不利。ダートの千二から千四という延長ローテであれば、京都→阪神、京都→京都、阪神→京都、阪神→阪神のパターンはどれも厳しいと考えてください。

　私が馬を管理する立場なら「千二から千四のローテなんて選択しないのに」と思いたくなりますが、厩舎サイドにも除外や馬房数などさまざまな事情によって「使いたくても使えない」ケースがあるのでしょう。それが現実なのだと思います。であれば、我々穴党はそれを利

用するだけです。「そんな状況だからこそ、紛れが生じて穴が発生しやすい」と考えられるわけですから。

　事情はどうあれ、千二で好走した馬が千四に距離延長して人気になっていたら、延長に強い血統でなければ美味しいカモになります。しかも、ここ数戦2～3着を繰り返しているような馬は圧倒的な支持を集めます。そういう馬がいるレースで、短縮がハマりそうな馬を狙えばいいのです。千七あたりで好位につけられるスピードを持った短縮馬が外寄りの枠に入っていたら、注目する価値があるでしょう。

　芝スタートのダート千四は、阪神も京都も内枠が不利です。外枠の馬よりも総じて前半が遅くなります。行き脚のある馬でも、外に速い馬がいたら簡単には先行できません。砂をかぶるとダメな馬にとっては大きなマイナスで、実際に砂をかぶって沈んでいく馬は頻繁に見受けられます。不利を受けて惨敗した馬は次走以降の狙い目になりますが、当該レースに関しては、完全に用なしの存在です。

阪神
ダ1400m

## 双馬毅　阪神ダ1400mのポイント

◎延長馬、特に先行馬にとっては厳しいコースなので、延長馬が人気になって入れば美味しいカモになる

◎延長ローテのカモ馬がいるレースで、千七あたりで好位につけられる外枠の短縮馬を狙う

◎内枠不利で、砂をかぶるとダメな馬は用なし

COURSE DATA

# 阪神ダ1800m

## hanshin dirt_1800m

集計期間:2014年～2017年11月26日（人気データ、トラックバイアスデータのみ2017年11月19日まで）

## 人気データ

| 人気ランク | 着別度数 | 勝率 | 連対率 | 複勝率 | 単回値 | 複回値 |
|---|---|---|---|---|---|---|
| A | 86-35-31-57/209 | 41% | 58% | 73% | 78 | 84 |
| B | 127-111-104-247/589 | 22% | 40% | 58% | 76 | 85 |
| C | 103-124-117-604/948 | 11% | 24% | 36% | 87 | 80 |
| D | 83-113-124-1650/1970 | 4% | 10% | 16% | 93 | 71 |
| E | 16-32-40-2144/2232 | 1% | 2% | 4% | 81 | 57 |

| 人気ランク | レース的中率 | 回収値 |
|---|---|---|
| 人気ランクA－Cのワイドボックス | 77.3% | 81.5 |
| 人気ランクA－Cの馬連ボックス | 48.9% | 72.2 |

## ローテーションデータ

| ローテーション | 着別度数 | 勝率 | 連対率 | 複勝率 | 単回値 | 複回値 |
|---|---|---|---|---|---|---|
| 距離延長 | 75-99-96-1447/1717 | 4% | 10% | 16% | 56 | 58 |
| 同距離 | 261-245-245-2225/2976 | 9% | 17% | 25% | 101 | 79 |
| 距離短縮 | 51-44-47-648/790 | 7% | 12% | 18% | 63 | 51 |

## トラックバイアスデータ

| | レース数 | 超外 | 外 | 超内 | 内 | なし |
|---|---|---|---|---|---|---|
| コース取り | 415 | 0% | 7% | 1% | 5% | 88% |

| | レース数 | 超差し | 差し | 超前 | 前 | なし |
|---|---|---|---|---|---|---|
| 位置取り | 415 | 1% | 19% | 0% | 3% | 77% |

## 父の国分類データ

| 国分類 | 着別度数 | 勝率 | 連対率 | 複勝率 | 単回値 | 複回値 |
|---|---|---|---|---|---|---|
| 米国 | 139-144-122-1460/1865 | 8% | 15% | 22% | 117 | 78 |
| 日本 | 180-165-160-1843/2348 | 8% | 15% | 22% | 73 | 63 |
| 欧州 | 96-106-134-1399/1735 | 6% | 12% | 19% | 68 | 68 |

## 父×母父の国分類データ

| 父×母父の国分類 | | | 着別度数 | 勝率 | 連対率 | 複勝率 | 単回値 | 複回値 |
|---|---|---|---|---|---|---|---|---|
| 米国 | × | 米国 | 54-53-42-487/636 | 9% | 17% | 23% | 171 | 100 |
| 米国 | × | 日本 | 57-52-47-492/648 | 9% | 17% | 24% | 84 | 74 |
| 米国 | × | 欧州 | 28-39-33-481/581 | 5% | 12% | 17% | 95 | 58 |
| 日本 | × | 米国 | 101-97-82-867/1147 | 9% | 17% | 24% | 83 | 71 |
| 日本 | × | 日本 | 2-4-12-91/109 | 2% | 6% | 17% | 8 | 52 |
| 日本 | × | 欧州 | 77-64-66-885/1092 | 7% | 13% | 19% | 68 | 56 |
| 欧州 | × | 米国 | 36-24-43-410/513 | 7% | 12% | 20% | 89 | 78 |
| 欧州 | × | 日本 | 38-48-49-610/745 | 5% | 12% | 18% | 73 | 60 |
| 欧州 | × | 欧州 | 22-34-42-379/477 | 5% | 12% | 21% | 39 | 71 |

## 父 出現率上位データ

| 父 | | 着別度数 | 勝率 | 連対率 | 複勝率 | 単回値 | 複回値 |
|---|---|---|---|---|---|---|---|
| キングカメハメハ | 欧 | 25-27-32-240/324 | 8% | 16% | 26% | 49 | 82 |
| クロフネ | 米 | 20-25-18-176/239 | 8% | 19% | 26% | 60 | 67 |
| ゴールドアリュール | 日 | 28-14-16-163/221 | 13% | 19% | 26% | 181 | 80 |
| ゼンノロブロイ | 日 | 24-12-16-141/193 | 12% | 19% | 27% | 81 | 97 |
| エンパイアメーカー | 米 | 20-10-15-168/213 | 9% | 14% | 21% | 291 | 98 |
| シンボリクリスエス | 欧 | 12-12-18-158/200 | 6% | 12% | 21% | 51 | 76 |
| ネオユニヴァース | 日 | 17-14-9-115/155 | 11% | 20% | 26% | 61 | 61 |

## 母父 出現率上位データ

| 母父 | | 着別度数 | 勝率 | 連対率 | 複勝率 | 単回値 | 複回値 |
|---|---|---|---|---|---|---|---|
| サンデーサイレンス | 日 | 34-28-32-356/450 | 8% | 14% | 21% | 68 | 64 |
| フレンチデピュティ | 米 | 20-20-16-158/214 | 9% | 19% | 26% | 106 | 86 |
| ブライアンズタイム | 欧 | 14-14-14-171/213 | 7% | 13% | 20% | 58 | 55 |

## 血統ビーム
# 亀谷敬正の見解

## パターンにキレイにハマる
## コレという穴馬がいたときだけ勝負する

**阪神 ダ1800M**

　同じ関西圏のダート1800mの京都ダート1800m同様、米国的なパワーが要求されるコースです。京都との違いは、最高速度というか、スピードの要素が要求されないところにあります。だから父日本型で母父米国血統の期待値は、京都ダート1800mに比べて落ちるんです。

　脚の遅い馬が先行してそのまま粘り込むことが多いため、直線をスピードで勝負するタイプの好走率は下がります。このような違いが、阪神と京都にはありますから、前走京都ダート1800mで好走した人気馬は信用できません。

　人気ランクA〜Cの人気上位馬の成績も「前走3着以内」のほうが期待値は低く、逆に4着以下の凡走馬は期待値が高くなっています。

　前走4着以下かつ人気ランクA〜Cの単勝回収率は、2014年以降ずっと100%以上。特に父か母父が米国型の馬は、回収率も的中率もさらに上昇します。米国的要素を持った血統馬のなかでも、最高速度よりもパワーが強化されたタイプは京都では高いパフォーマンスを発揮できず、逆に阪神でパフォーマンスを上げるケースが多い、というわけです。

　しかしながら、基本的に人気馬が強いコースゆえに穴の深追いは禁物。パターンにキレイにハマる、コレという穴馬がいたときだけ勝負するようにしましょう。

## 亀谷敬正　阪神ダ1800mのポイント

◎ **米国的なパワーが要求されるコース**

◎ **前走京都ダート1800mで好走した人気馬は信用できない**

◎ **前走4着以下だった人気馬のほうが期待値が高い**

◎ **穴の深追いは禁物**

### Sample Race

2016年3月12日　阪神2R　3歳未勝利　ダ1800m稍重

| 着 | 枠 | 馬番 | 馬名 | 父 | 母父 | 前走コース | 人気 |
|---|---|---|---|---|---|---|---|
| 1 | 6 | 6 | カフジナイサー | ワイルドラッシュ(米) | フォーティナイナー(米) | 京都ダ1800·7着 | 3 |
| 2 | 6 | 7 | トウシンダイヤ | ダイワメジャー(日) | キングカメハメハ(欧) | 阪神ダ1800·5着 | 2 |
| 3 | 5 | 5 | クインズフェザー | サウスヴィグラス(米) | ブライアンズタイム(欧) | 京都ダ1800·3着 | 6 |
| 4 | 8 | 10 | アルティマウェポン | ヨハネスブルグ(米) | アグネスタキオン(日) | 京都ダ1800·2着 | 1 |

単勝1,660円　複勝990円 340円 1,100円　枠連1,720円　馬連2,000円
ワイド720円 2,290円 830円　馬単6,180円　三連複7,000円　三連単43,980円

　アルティマウェポンは、前走京都ダ1800mで2着に好走しており、このコースでは信用できない1番人気馬だった。一方、カフジナイサーは前走京都ダ1800mで4着以下に負けた人気馬であり、父米国型という点でも、このコースで狙える馬だった。

# 札幌競馬場
## SAPPORO RACECOURSE

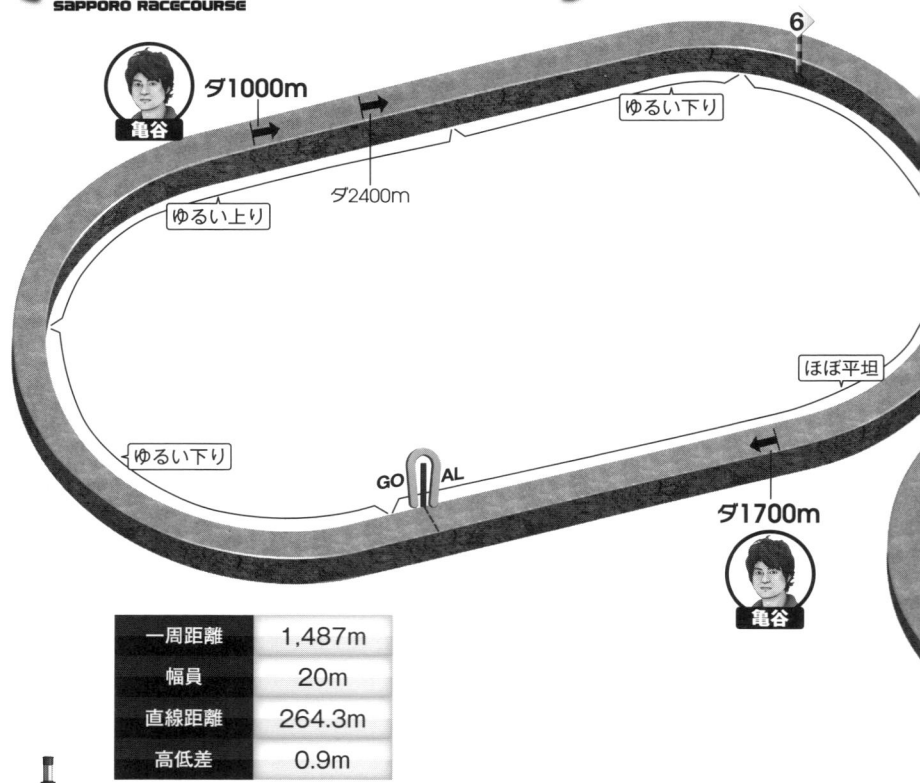

| | |
|---|---|
| 一周距離 | 1,487m |
| 幅員 | 20m |
| 直線距離 | 264.3m |
| 高低差 | 0.9m |

## 同じ北海道でもコースの性格は真逆!

　札幌の最大の特徴はコース形態が丸に近い形をしている点。直線距離は
JRA10場のダートのなかでは2番目に短いが、ほぼ平坦でコーナーの角度がか
なりゆるやかな設定になっているため、勝負どころの3〜4コーナーでスピー
ドを乗せやすく、差しが決まることも少なくない。雨が降って軽い馬場にな

# 函館競馬場

HAKODATE RACECOURSE

| | |
|---|---|
| 一周距離 | 1,475.8m |
| 幅員 | 20m |
| 直線距離 | 260.3m |
| 高低差 | 3.5m |

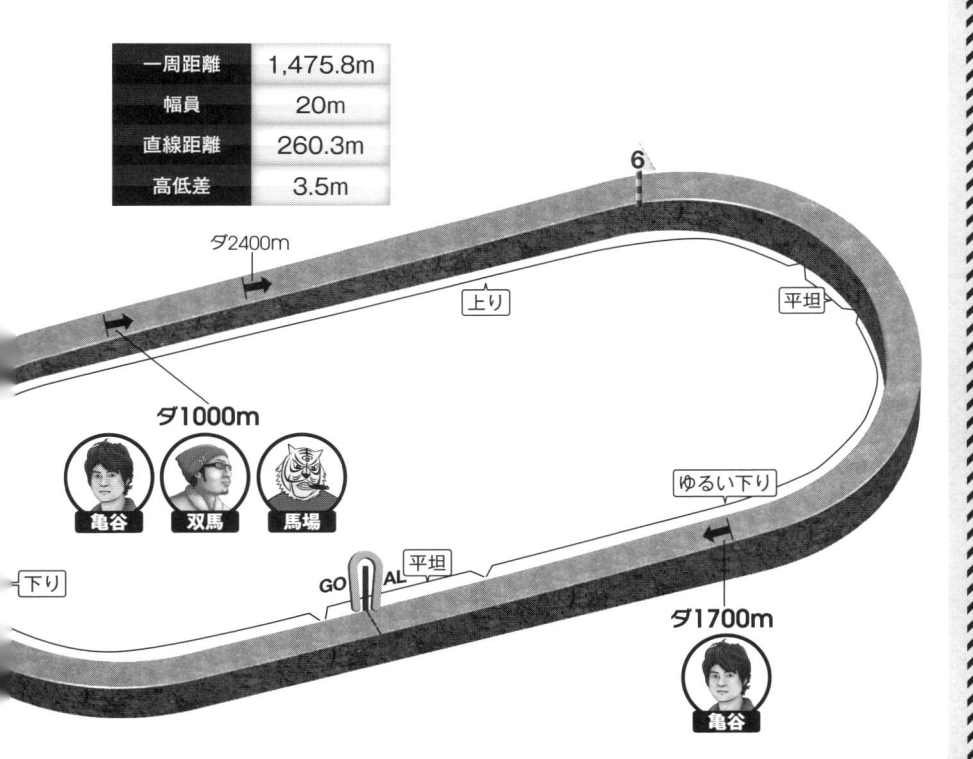

ると、芝並みの速い上がりが出ることもある。同じ北海道でも函館は大きく特徴が異なり、高低差が3.5mあり、コーナーの角度もキツい。じわじわと脚を使わされる向こう正面の上り坂の設計と、吹き付ける向かい風（海風）がタフさを増長させる。3〜4コーナーでスピードを上げることが難しく、札幌で見られるような差しはなかなか決まらない。「行った行った」の多いコースだ。

COURSE DATA

# 函館ダ1000m
## hakodate dirt_1000m

集計期間:2014年～2017年11月26日（人気データ、トラックバイアスデータのみ2017年11月19日まで）

## 人気データ

| 人気ランク | 着別度数 | 勝率 | 連対率 | 複勝率 | 単回値 | 複回値 |
|---|---|---|---|---|---|---|
| A | 8-3-4-7/22 | 36% | 50% | 68% | 65 | 76 |
| B | 22-27-23-57/129 | 17% | 38% | 56% | 55 | 79 |
| C | 29-17-35-112/193 | 15% | 24% | 42% | 98 | 87 |
| D | 24-28-14-343/409 | 6% | 13% | 16% | 91 | 69 |
| E | 1-7-7-188/203 | 1% | 4% | 7% | 15 | 108 |

| 人気ランク | レース的中率 | 回収値 |
|---|---|---|
| 人気ランクA－Cのワイドボックス | 80.7% | 79.7 |
| 人気ランクA－Cの馬連ボックス | 33.7% | 67.7 |

## ローテーションデータ

| ローテーション | 着別度数 | 勝率 | 連対率 | 複勝率 | 単回値 | 複回値 |
|---|---|---|---|---|---|---|
| 距離延長 | 0-0-0-1/1 | 0% | 0% | 0% | 0 | 0 |
| 同距離 | 34-41-36-241/352 | 10% | 21% | 32% | 76 | 81 |
| 距離短縮 | 42-33-39-408/522 | 8% | 14% | 22% | 65 | 84 |

## トラックバイアスデータ

| | レース数 | 超外 | 外 | 超内 | 内 | なし |
|---|---|---|---|---|---|---|
| コース取り | 84 | 1% | 27% | 1% | 7% | 63% |

| | レース数 | 超差し | 差し | 超前 | 前 | なし |
|---|---|---|---|---|---|---|
| 位置取り | 84 | 0% | 2% | 0% | 12% | 86% |

## 父の国分類データ

| 国分類 | 着別度数 | 勝率 | 連対率 | 複勝率 | 単回値 | 複回値 |
|---|---|---|---|---|---|---|
| 米国 | 49-48-43-326/466 | 11% | 21% | 30% | 88 | 100 |
| 日本 | 23-18-21-248/310 | 7% | 13% | 20% | 60 | 67 |
| 欧州 | 12-16-19-133/180 | 7% | 16% | 26% | 43 | 64 |

## 父×母父の国分類データ

| 父×母父の国分類 | 着別度数 | 勝率 | 連対率 | 複勝率 | 単回値 | 複回値 |
|---|---|---|---|---|---|---|
| 米国 × 米国 | 19-17-18-108/162 | 12% | 22% | 33% | 62 | 115 |
| 米国 × 日本 | 11-16-15-110/152 | 7% | 18% | 28% | 88 | 98 |
| 米国 × 欧州 | 19-15-10-108/152 | 13% | 22% | 29% | 117 | 85 |
| 日本 × 米国 | 16-6-11-130/163 | 10% | 14% | 20% | 86 | 67 |
| 日本 × 日本 | 2-2-5-16/25 | 8% | 16% | 36% | 23 | 80 |
| 日本 × 欧州 | 5-10-5-102/122 | 4% | 12% | 16% | 33 | 66 |
| 欧州 × 米国 | 7-11-8-56/82 | 9% | 22% | 32% | 67 | 98 |
| 欧州 × 日本 | 2-1-6-33/42 | 5% | 7% | 21% | 19 | 35 |
| 欧州 × 欧州 | 3-4-5-44/56 | 5% | 13% | 21% | 26 | 37 |

## 父 出現率上位データ

| 父 | | 着別度数 | 勝率 | 連対率 | 複勝率 | 単回値 | 複回値 |
|---|---|---|---|---|---|---|---|
| サウスヴィグラス | 米 | 14-7-6-68/95 | 15% | 22% | 28% | 135 | 82 |
| ゴールドアリュール | 日 | 3-4-1-18/26 | 12% | 27% | 31% | 256 | 128 |
| スウェプトオーヴァーボード | 米 | 3-2-3-24/32 | 9% | 16% | 25% | 89 | 60 |
| ケイムホーム | 米 | 1-7-0-12/20 | 5% | 40% | 40% | 10 | 218 |
| ダイワメジャー | 日 | 3-1-3-14/21 | 14% | 19% | 33% | 77 | 50 |
| フレンチデピュティ | 米 | 3-0-4-13/20 | 15% | 15% | 35% | 188 | 170 |
| プリサイスエンド | 米 | 3-2-2-3/10 | 30% | 50% | 70% | 143 | 164 |

## 母父 出現率上位データ

| 母父 | | 着別度数 | 勝率 | 連対率 | 複勝率 | 単回値 | 複回値 |
|---|---|---|---|---|---|---|---|
| サクラバクシンオー | 日 | 4-3-2-10/19 | 21% | 37% | 47% | 168 | 112 |
| フジキセキ | 日 | 3-1-4-18/26 | 12% | 15% | 31% | 143 | 85 |
| サンデーサイレンス | 日 | 2-3-3-26/34 | 6% | 15% | 24% | 64 | 53 |

## 前走不利の錬金術師
# 双馬毅の見解

### 暴走しそうなスピード馬の距離短縮を狙え!!

　超大穴を狙いづらい、つまらないコースです。が、狙い方はハッキリしています。まず、距離短縮に注目するのが基本。千二や千四で先行できるほどのスピード能力があり、そのスピードを制御できないようなレースぶりをしていた馬に注目してください。前走で先行している必要はありません。かかりそうになっているところを騎手に強引に抑えられるなど、あり余るスピードの片りんをのぞかせている馬であればOKです。

　外差しは決まりにくいので、内枠に入った馬か、外枠でも先行力のある馬を買うようにしてください。スピードのある馬の短縮。これを買っていれば、自ずと結果はついてくるでしょう。

函館
札幌
ダ1000m

---

### 双馬毅　函館ダ1000mのポイント

◎距離短縮に注目

◎特に千二や千四でスピードの片りんをのぞかせた馬

◎内枠の馬か、外枠での先行力のある馬を買う

---

## Sample Race

### 2017年6月25日 函館2R 3歳未勝利 ダ1000m良

| 着 | 枠 | 馬番 | 馬名 | 性齢 | 斤量 | タイム | 前走コース | 前走位置取り | 人気 |
|----|----|------|------|------|------|--------|-----------|------------|------|
| 1 | 4 | 4 | スカイソング | 牝3 | 54 | 0:59.6 | 東京ダ1400 | 5-5 | 6 |
| 2 | 7 | 10 | クリノレオノール | 牝3 | 53 | 0:59.6 | 東京ダ1300 | 3-5 | 11 |
| 3 | 6 | 7 | シゲルヒョウ | 牡3 | 54 | 1:00.0 | 函館ダ1000 | 1-1 | 8 |

単勝910円 複勝320円 1,150円 560円 枠連4,380円 馬連13,030円
ワイド3,250円 2,270円 8,170円 馬単23,540円 三連複66,280円 三連単303,210円

　私は6番人気の④スカイソングを狙いました。基本的に出遅れる馬。にもかかわらず、ペースが緩むことのない中山ダート千二で、道中で一気にまくってしまうこともあるような、制御不能のスピードを持った馬でした。この手のタイプは、どう考えてもひと息で走れる距離のほうがいい。常々そう思っていました。

　前走は東京ダ1400mで展開の不利を受けて9着に敗退。距離短縮で持ち味を存分に発揮できる今回は、多少出遅れても途中で巻き返して直線で突き抜けるだろうと思って自信の◎を打ちました。そして、想像通りの競馬で勝ってくれました。カンタンでした（笑）。

　2着の⑩クリノレオノールも、前走は東京ダ1300mでいかにもというスピードを見せて先行しており、1000mなら明らかにパフォーマンスを上げてくるであろうことを容易に想像できたタイプ。こちらもシンプルな狙い目短縮パターンでした。

　いずれにせよ、必ず狙うべきはスカイソングのような暴走タイプです。あふれんばかりのスピード能力を解き放つ可能性の高い、距離短縮で1000mに出走してきたタイミングを狙う。これがコツです。基本的な考え方は新潟の直線1000mに似ていますね。

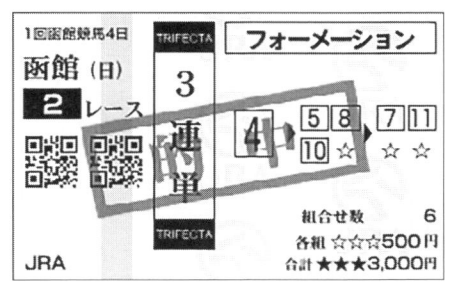

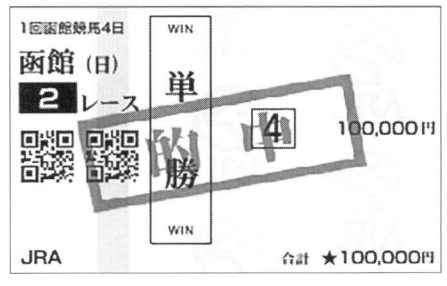

3連単&単勝
ダブル的中!!
242万6050円
の払い戻し!!

## トラックバイアス分析のプロ
# 馬場虎太郎の見解

## 消耗戦になるものの
## 結果的には「行った者勝ち」のレースが多い

　JRAのダ1000mのなかでは最も直線距離が短いコースで、騎手にも「前に行かないと話にならない」という思いがあるからか、前半から先行争いが激しくなるレースが目立ちます。函館は海の近くに存在する競馬場で、ダートの1000mはスタート後に強烈な海風に正面からさらされることもけっこうあります。確実に体力は消耗されるでしょう。ならば前がつぶれての差し決着も多くなりそうですが、そんなことはありません。最後はみんな脚がなくなり、結果的に「行った者勝ち」になるパターンのほうが圧倒的に多いのです。

　このコースは下級条件戦ばかりが組まれていることもあり、差せる脚を持っている馬がほとんどいません。だからゴール前は「バテ合い」「歩き合い」になり、前目のポジションにいる馬がその順位のままゴール板に到達することになるのでしょう。形としてはアメリカのダート競馬に近いイメージです。

　狙い目は当然、逃げ・先行勢。差し馬はマイナスで、内枠に入ろうものなら後方に置かれることが確実なので、軽視がセオリーになります。先行馬にしても、内枠より外枠のほうが買いやすいです。一般的には内枠からのほうが先行しやすいと思われているようですが、ダートの短距離戦は内枠の馬は外からかぶされてしまうリスクがあるので、それを回避するために前半から目一杯の競馬をして、最後までもたないケースが多々見受けられます。よって、外からダッシュを利かせて行けるタイプのほうが実は崩れにくいのです。

函館 礼幌 ダ1000m

内枠が全滅、外枠が上位独占という決着もよく見られるので、このコースは決め打ち勝負に向きます。妙味があるのは開催前半。ローテ的に前走が東京の千三や千四という馬が多く、ダッシュ力に劣る馬が人気になりやすいからです。ペースが全然違うので、前走で逃げていた馬がまったく行けないというケースもよく見られます。競馬新聞の馬柱の通過順が１並びの馬には要注意。競馬新聞を参考にするのであれば、通過順ではなく前半のタイムを見たほうがいいでしょう。

　開催後半は前走同コース組が多くなり、配当妙味は落ちますが、外枠有利の馬場傾向が出ることはあるので、勝負しようと思えばできます。その際、前走着順はあまり気にしないほうがいいです。内枠から強引に先行し、バテて大敗した馬が巻き返すことはよくありますので。大事なのは前に行けたこと。枠順や相手関係で結果は変わってきますので、一度の失敗で見限るべきではありません。逆の見方をすると、前走好走馬が内枠に入って売れていたら、危険な人気馬と考えたほうがいいということです。

　フルゲートが13頭なので超高配当は期待できませんが、点数を絞って決め打ちするには打ってつけのコースと言えます。前に行けそうな外枠の先行馬から、相手をちょっとひねって中穴を狙っていきましょう。

**馬場虎太郎　函館ダ1000mのポイント**

◎狙い目は当然、逃げ・先行勢

◎外枠の上位独占に決め打ちする手も有効

◎妙味があるのは開催前半

# ローカルのダ1000m

local dirt_1000m

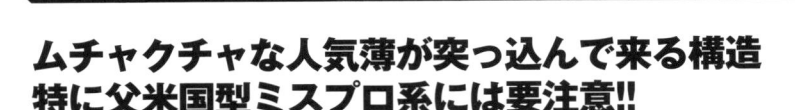

## 血統ビーム
## 亀谷敬正の見解

### ムチャクチャな人気薄が突っ込んで来る構造
### 特に父米国型ミスプロ系には要注意!!

　ダート1000mは中央にはないローカル独特の条件です。とにかく「ムチャクチャな人気薄が突っ込んで来て高配当が出やすい」構造であることは、常に意識してください。

　函館、札幌のダート1000mは単勝30〜100倍の複勝率が10%。2014〜2017年に関しては複勝率12%。通常値は5%程度ですから、ハッキリ言って異常です。小倉も単勝30〜50倍のオッズの馬がやたらと走ります。

　そして、

・父米国型ミスプロ系

・8枠

・大幅な距離短縮（前走1500m以上）

　という3つの条件のいずれかに該当する馬は、さらに激走率が上がります。

　血統面では父米国型ミスプロ系が強く、2014〜2017年における単勝オッズ30〜100倍の馬の複勝率は15%、複勝回収率は139%で、特に函館の成績が抜群です。

　ただし、「荒れる」ことはわかっていても、現実的には激走する馬を狙って買うのは難しい（苦笑）。ですので、絞って買うのではなく、手広く網を張ることを心がけましょう。

## 血統ビーム
# 亀谷敬正の見解

## 実は傾向が真逆!!
## 函館は外枠の欧州血統、札幌は内枠の米国血統

　函館のダート1700mは、小倉や福島と同じように外枠の馬が有利。砂をかぶらず、スピードに乗りやすいコースです。特に前走1700m以上組に注目してください。

　しかし、札幌のダート1700mは真逆の傾向で、内枠が有利になりやすいコースになっています。札幌は内を回らないと物理的に届かない馬場になるケースが多い。だから外枠が振るわないんですよね。この違いはしっかり意識しておくべきでしょう。

　また、函館は欧州血統が走りやすいのに対して、札幌は米国血統が走りやすいコース、という違いもあります。つまり、函館は外枠の欧州血統が、札幌は内枠の米国血統が、それぞれ狙い目になるということです。

　論より証拠、こちらのデータをご覧ください。

・函館ダート1700mで7～8枠に入った父欧州型は2014年以降、単勝回収率206%、複勝回収率111%。

・札幌ダート1700mで1桁馬番のゲートに入った父米国型は2014年以降、複勝回収率134%、単勝回収率は毎年90%以上。

　こちらの条件に該当する馬だけを買い続ければ、カンタンに儲かります。

# 福島競馬場

## FUKUSHIMA RACECOURSE

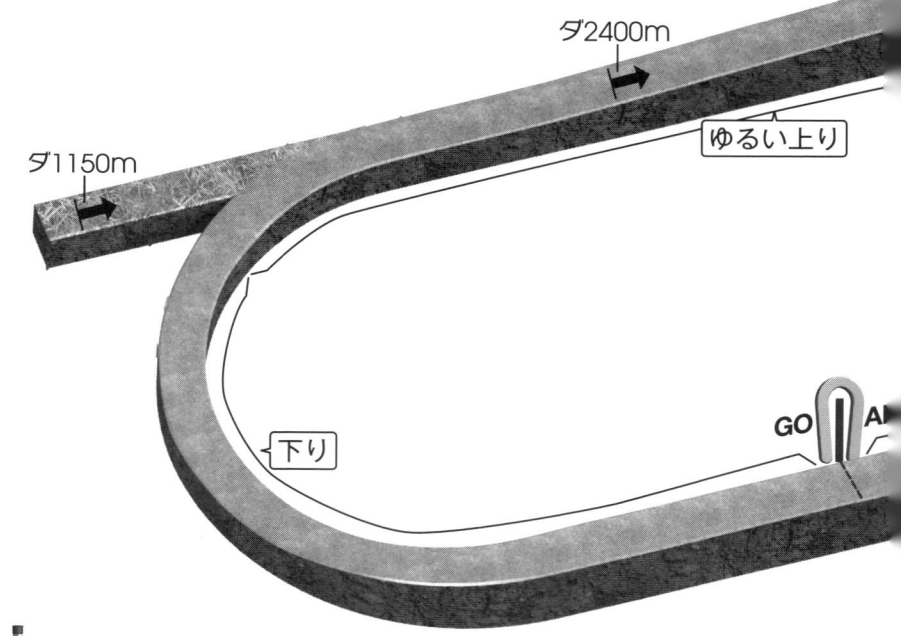

ダ2400m

ゆるい上り

ダ1150m

下り

GO AL

## 震災後の砂総入れ替えで重めの馬場に！

　一周距離がJRA10場のダートのなかで最も短いコースで、コーナーは相当キツい。高低差は多少存在するが、上りにしても下りにしても傾斜はゆるやかなので、平坦に近いと考えていいだろう。京都や札幌のように3〜4コーナーでスピードを上げて直線で伸びるという競馬は難しいが、差しがまったく

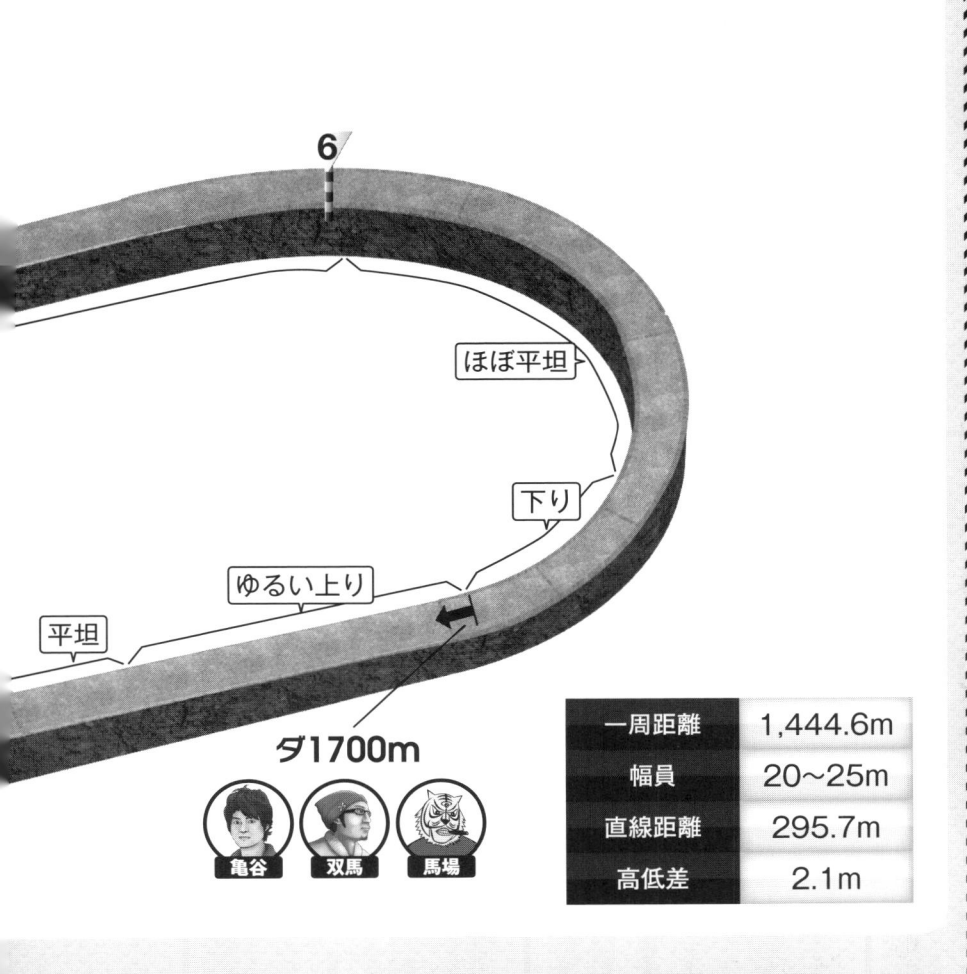

**6**

ほぼ平坦

下り

ゆるい上り

平坦

ダ1700m

亀谷　双馬　馬場

| | |
|---|---|
| 一周距離 | 1,444.6m |
| 幅員 | 20〜25m |
| 直線距離 | 295.7m |
| 高低差 | 2.1m |

届かないわけではない。理由は馬場の質にあり、震災の影響で開催中止を余儀なくされた際、ダートコースの砂がすべて入れ替えられ、ものすごく重くなったからだ。その後、洗浄を重ねることによりだいぶ緩和されたが、標準より重めの馬場であることに変わりはなく、前がバテて差しが決まることもある。持ち時計のある馬を買うという作戦は通用しないと考えたい。

# 福島ダ1700m
## fukushima dirt_1700m

集計期間:2014年〜2017年11月26日(人気データ、トラックバイアスデータのみ2017年11月19日まで)

## 人気データ

| 人気ランク | 着別度数 | 勝率 | 連対率 | 複勝率 | 単回値 | 複回値 |
|---|---|---|---|---|---|---|
| A | 30-15-10-20/75 | 40% | 60% | 73% | 80 | 85 |
| B | 87-73-57-168/385 | 23% | 42% | 56% | 81 | 85 |
| C | 73-66-73-453/665 | 11% | 21% | 32% | 86 | 73 |
| D | 56-76-84-1049/1265 | 4% | 10% | 17% | 78 | 78 |
| E | 4-18-25-1174/1221 | 0% | 2% | 4% | 17 | 47 |

| 人気ランク | レース的中率 | 回収値 |
|---|---|---|
| 人気ランクA〜Cのワイドボックス | 72.3% | 75.4 |
| 人気ランクA〜Cの馬連ボックス | 45.0% | 70.4 |

## ローテーションデータ

| ローテーション | 着別度数 | 勝率 | 連対率 | 複勝率 | 単回値 | 複回値 |
|---|---|---|---|---|---|---|
| 距離延長 | 76-78-80-1171/1405 | 5% | 11% | 17% | 40 | 56 |
| 同距離 | 55-50-48-474/627 | 9% | 17% | 24% | 57 | 70 |
| 距離短縮 | 113-113-115-1090/1431 | 8% | 16% | 24% | 74 | 78 |

## トラックバイアスデータ

| | レース数 | 超外 | 外 | 超内 | 内 | なし |
|---|---|---|---|---|---|---|
| コース取り | 250 | 4% | 21% | 3% | 7% | 65% |

| | レース数 | 超差し | 差し | 超前 | 前 | なし |
|---|---|---|---|---|---|---|
| 位置取り | 250 | 2% | 28% | 0% | 2% | 68% |

福島
ダ1700m

## 父の国分類データ

| 国分類 | 着別度数 | 勝率 | 連対率 | 複勝率 | 単回値 | 複回値 |
|---|---|---|---|---|---|---|
| 米国 | 81-86-68-883/1118 | 7% | 15% | 21% | 67 | 67 |
| 日本 | 95-90-107-1160/1452 | 7% | 13% | 20% | 57 | 68 |
| 欧州 | 74-72-74-821/1041 | 7% | 14% | 21% | 54 | 66 |

## 父×母父の国分類データ

| 父×母父の国分類 | 着別度数 | 勝率 | 連対率 | 複勝率 | 単回値 | 複回値 |
|---|---|---|---|---|---|---|
| 米国 × 米国 | 25-29-26-285/365 | 7% | 15% | 22% | 53 | 59 |
| 米国 × 日本 | 25-28-24-295/372 | 7% | 14% | 21% | 72 | 68 |
| 米国 × 欧州 | 31-29-18-303/381 | 8% | 16% | 21% | 77 | 74 |
| 日本 × 米国 | 51-51-60-551/713 | 7% | 14% | 23% | 63 | 74 |
| 日本 × 日本 | 9-11-7-66/93 | 10% | 22% | 29% | 103 | 68 |
| 日本 × 欧州 | 35-28-40-543/646 | 5% | 10% | 16% | 43 | 62 |
| 欧州 × 米国 | 24-23-21-229/297 | 8% | 16% | 23% | 78 | 67 |
| 欧州 × 日本 | 34-36-30-336/436 | 8% | 16% | 23% | 48 | 78 |
| 欧州 × 欧州 | 16-13-23-256/308 | 5% | 9% | 17% | 39 | 49 |

## 父 出現率上位データ

| 父 | | 着別度数 | 勝率 | 連対率 | 複勝率 | 単回値 | 複回値 |
|---|---|---|---|---|---|---|---|
| キングカメハメハ | 欧 | 20-15-9-85/129 | 16% | 27% | 34% | 74 | 97 |
| ゴールドアリュール | 日 | 13-14-11-112/150 | 9% | 18% | 25% | 53 | 64 |
| クロフネ | 米 | 14-11-10-81/116 | 12% | 22% | 30% | 165 | 82 |
| シンボリクリスエス | 欧 | 7-12-13-93/125 | 6% | 15% | 26% | 23 | 58 |
| ネオユニヴァース | 日 | 7-7-10-73/97 | 7% | 14% | 25% | 30 | 81 |
| ハーツクライ | 日 | 7-8-5-65/85 | 8% | 18% | 24% | 33 | 69 |
| ゼンノロブロイ | 日 | 3-5-8-88/104 | 3% | 8% | 15% | 53 | 72 |

## 母父 出現率上位データ

| 母父 | | 着別度数 | 勝率 | 連対率 | 複勝率 | 単回値 | 複回値 |
|---|---|---|---|---|---|---|---|
| サンデーサイレンス | 日 | 28-26-20-209/283 | 10% | 19% | 26% | 96 | 80 |
| アグネスタキオン | 日 | 7-10-6-63/86 | 8% | 20% | 27% | 66 | 79 |
| フレンチデピュティ | 米 | 5-7-10-81/103 | 5% | 12% | 21% | 16 | 47 |

## 血統ビーム
# 亀谷敬正の見解

## 外枠から一本調子にスピードを
## 持続する馬が走りやすいコース

　ダートの千七は全国的に「外枠有利」の傾向を示しますが、福島も
その傾向に該当します。7～8枠の期待値は高い。内枠はひどいあり
さまで、1～4番ゲートは目を覆いたくなるような数字を示しています。

　1700mは一本調子にスピードを持続する馬が走りやすい条件です
が、そういうタイプは外枠のほうがスピードに乗りやすいんです。また、
内で砂をかぶるのが苦手な馬も多いですからね。

　血統的に相性が良いのは米国型ナスルーラ系。父か母父にナスルー
ラの血が入っているといいですね。この系統には外枠が得意なタイプ
が多いので、福島の千七はバッチリ合います。内でもまれ弱い血統の
馬が前走内枠で負け、今回は距離短縮で外枠。このパターンは福島ダ
ート千七でもハマります。条件に該当する馬はバンバン買っていきま
しょう。人気を落としているようなら万々歳です。

　主要ローテは、前走東京ダ1600m、前走中山ダ1800m、前走同舞台
の福島ダ1700m。このあたりの組が多いんですが、どれも成績は芳し
くありません。関西圏や新潟など、別路線組の外枠短縮馬を狙うと効
率がいいでしょう。

福島 ダ1700m

### 亀谷敬正　福島ダ1700mのポイント

## ◎7～8枠の期待値が高く、1～4番ゲートは大不振

◎父か母父にナスルーラの血が入った馬に
　注目

◎「内でもまれ弱い血統の馬が前走内枠で負
　け、今回は距離短縮で外枠」が最も狙える
　パターン

◎前走で関西圏や新潟を使った馬の期待値
　が高い

## 前走不利の錬金術師
# 双馬毅の見解

## スピードとスタミナ両方が求められるコースで
## 短縮を狙い、延長を嫌うのが基本スタンス

　千四にも対応できるような適度なスピードが必要で、なおかつスタ
ミナも求められるタフなコース。それが福島ダ1700mです。千四以下
のスピードだけで押し切るのは難しいので、距離延長は圧倒的に不利。
後述する小倉ダ1700mと構造は似ているのですが、こちらのほうがよ
りタフで、延長不利の傾向が顕著になると覚えておいてください。基
本的に短縮有利のコースです。

　あと、馬場状態もしっかりチェックするようにしましょう。良馬場
時は差しは利くものの、後方一気は決まりません。マクれる脚、ある
いは中団あたりにつけられる脚がないと厳しいです。一方、道悪にな

ると差しも届くようになります。

　ベストはある程度前に行けて、なおかつマクっていける短縮馬。このタイプが外枠に入ったときが一番狙いやすいです。短縮馬を狙い続けて、延長馬を嫌う。このスタンスを守ってさえいれば大崩れはないでしょう。「小回りのダート千七だから、先行して押し切れるだろう」という考えは要りません。

　ただし、マクれるタイプであれば、血統次第では延長ローテでも買えます。延長血統（P17参照）にだけは注意してください。

---

### 双馬毅　福島ダ1700mのポイント

◎基本的に短縮有利で、距離延長は圧倒的に不利

◎良馬場時はマクれる脚か、中団につけられる脚が必要

◎道悪になると差しも届く

◎ある程度前に行けて、マクっていける短縮馬がベスト

## *Sample Race*

### 2017年4月22日　福島6R　4歳上500万下　ダ1700m良

| 着 | 枠 | 馬番 | 馬名 | 性齢 | 斤量 | タイム | 前走コース | 前走位置取り | 人気 |
|---|---|---|---|---|---|---|---|---|---|
| 1 | 4 | 7 | レッドアマビリス | 牝4 | 55 | 1:46.8 | 阪神ダ1800 | 4-3-4-4 | 1 |
| 2 | 7 | 12 | デイジーフローラ | 牝4 | 55 | 1:47.3 | 小倉ダ1700 | 7-7-5-6 | 6 |
| 3 | 8 | 14 | スプリングキャロル | 牝4 | 53 | 1:47.7 | 中山ダ1800 | 12-12-9-9 | 7 |

単勝260円　複勝160円 430円 510円　枠連540円　馬連2,350円
ワイド1,000円 1,530円 4,590円　馬単3,110円　三連複17,430円　三連単66,830円

### スプリングキャロルの前3走

| 日付 | レース名 | コース | 頭数 | 枠 | 馬番 | 位置取り | 上がり | 人気 | 着順 |
|---|---|---|---|---|---|---|---|---|---|
| 2016/11/20 | 3歳上500万下 | 福島ダ1700稍 | 15 | 7 | 13 | 15-14-1-1 | 38.4 | 9 | 2 |
| 2017/3/25 | 4歳上500万下 | 中京ダ1800良 | 14 | 4 | 6 | 8-9-2-2 | 40.5 | 7 | 8 |
| 2017/4/9 | 4歳上500万下 | 中山ダ1800不 | 13 | 3 | 3 | 12-12-9-9 | 39.1 | 5 | 9 |
| ▼ | | | | | | | | | |
| 2017/4/22 | 4歳上500万下 | 福島ダ1700良 | 15 | 8 | 14 | 8-6-3-3 | 39.1 | 7 | 3 |

　私は⑭スプリングキャロルに注目しました。前々走、前走がダート千八で、今回は千七の短縮ローテ。3走前に同じ舞台の福島ダ1700mでマクる競馬を見せて9番人気2着に好走しており、高いコース適性があることはわかっていました。加えて外枠。まさに、すべての条件が好転するタイミングで、「同じような競馬をすれば今回も来るだろう」と、自信を持って狙うことができました。勝利には届かなかったものの、単勝22.1倍で7番人気3着。十分な結果と言えるのではないでしょうか。

　勝ち馬の⑦レッドアマビリスも短縮馬。2着馬の⑫デイジーフローラは、短縮ローテだった前々走を2着し、前走はその反動が出て負けて、今回は同距離に出走。反動が抜けて巻き返す可能性が高いと判断することのできる1頭でした。セオリーに忠実に、馬選びを間違えなければカンタンに当たる。そんなレースだったと言えるでしょう。

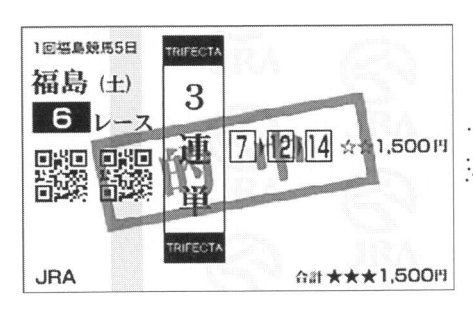

## トラックバイアス分析のプロ
# 馬場虎太郎の見解

## 外目をぶん回しても届くコース
## マクれる脚のある機動性に優れた馬が理想

　中距離のダートにしては珍しく、差しが決まるコースです。季節は関係ありませんし、道悪になってもその傾向は変わりません。内枠の差し馬は一度下げるかたちになるので積極的に買いづらいですが、外枠であれば問題なし。どんどん勝負していきましょう。外目をぶん回しても届くコースなので、マクれる脚のある機動性に優れた馬が理想的です。

　一方、先行馬は不利です。外が届くコースということもあり、インコースをキレイに立ち回ってもあまり意味がありません。早めにマクってこられてつぶされてしまう危険性もあります。自ら動いていけるタイプが外枠からスッと先行するかたちなら問題ありませんが、外からかぶせられる内枠は確実にマイナス。人気の先行馬が内枠に入ったら嫌っていきたいですね。

　ローカル開催でレベルの低い騎手が集まるためそもそも荒れやすく、条件がハマれば人気薄もけっこう上位に来ますので、穴馬券は買いやすいです。注意点は、差しが利くとはいっても、道中死んだフリをして後方一気という戦法は通用しないということ。仮に道中は後方でも、3コーナー過ぎから加速していき、4コーナーでは中団に進出できるくらいの器用な脚を持った差し馬がターゲットになると認識してください。ヨーイドンの瞬発力勝負が向くタイプは買えません。

**福島　ダ1700M**

## 馬場虎太郎　福島ダ1700mのポイント

◎中距離ダートにしては差しが決まる（特に外枠の馬に注目）

◎人気の先行馬が内枠に入ったら嫌いたい

◎後方一気という戦法は通用しない。3コーナーからマクっていける器用な脚を持った差し馬がターゲット

## Sample Race

2017年4月23日　福島10R　飯盛山特別　ダ1700m良

| 着 | 枠 | 馬番 | 馬名 | 性齢 | 斤量 | タイム | 位置取り | 上がり | 人気 |
|---|---|---|---|---|---|---|---|---|---|
| 1 | 8 | 15 | ナンヨーファミユ | 牡4 | 57 | 1:47.8 | 3-3-3-3 | 40.0 | 5 |
| 2 | 7 | 13 | カイシュウキリシマ | 牡4 | 57 | 1:47.8 | 2-2-2-2 | 40.2 | 7 |
| 3 | 7 | 12 | ハローマイディア | 牡4 | 57 | 1:47.9 | 10-10-6-5 | 39.7 | 2 |
| 4 | 6 | 11 | マコトシャムロック | 牡4 | 57 | 1:47.9 | 8-7-6-5 | 39.6 | 3 |
| 5 | 1 | 1 | コティニャック | 牡5 | 57 | 1:48.0 | 5-5-3-3 | 40.1 | 1 |

単勝1,530円　複勝420円 670円 190円　枠連2,700円　馬連16,110円
ワイド4,740円 980円 1,660円　馬単29,170円　三連複17,410円　三連単184,550円

　単勝2.0倍の1番人気に推されたコティニャックは、このコースでは不利な「内枠の先行馬」に該当。外枠狙いに妙味があるレースとなった。結果的に、近走で機動力を見せていた二桁馬番の馬が1～4着を独占した。

# 新潟競馬場

## NiiGATA RACECOURSE

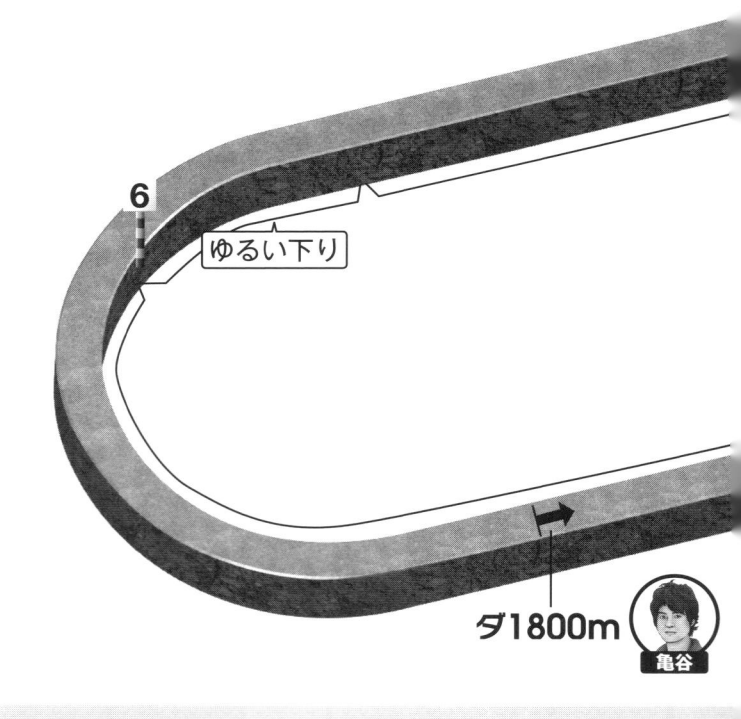

**6**

ゆるい下り

ダ1800m

亀谷

## 福島との違いを意識することが重要！

　新潟と言えば直線の長い芝外回りコースが有名で、「とにかく広い競馬場」というイメージを持たれがちだが、ダートの直線はとりわけ長いわけではない。353.9mで、阪神と同程度である。とはいえ、ローカルのなかでは中京に次ぐ2番目の長さを誇るので、特にローテ的に多い前走福島組の適性の見極め

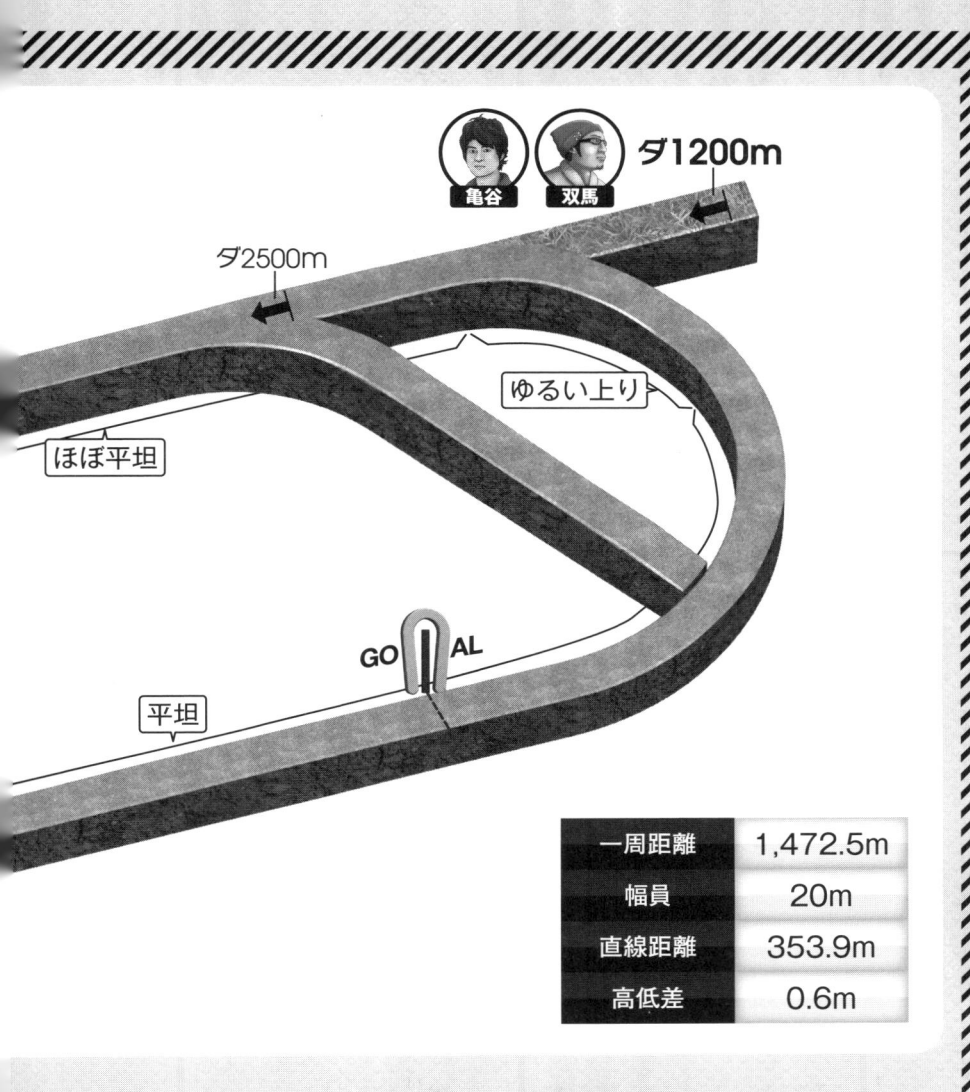

ダ1200m

ダ2500m

ゆるい上り

ほぼ平坦

平坦

GOAL

| 一周距離 | 1,472.5m |
|---|---|
| 幅員 | 20m |
| 直線距離 | 353.9m |
| 高低差 | 0.6m |

がポイントになる。砂質が軽くなり、直線距離が延びる点を意識することが重要だ。直線は平坦だがコーナーでスピードを乗せにくい構造のため、なかなか差しが決まらない。コーナーで外を回し、直線でズルズル下がっていく馬がよく見られる。差してこられるのは、コーナーのインで加速ができる馬。直線は比較的長いが、コーナーがタイトという特徴は意識したい。

COURSE DATA

# 新潟ダ1200m

## niigata dirt_1200m

集計期間:2014年〜2017年11月26日(人気データ、トラックバイアスデータのみ2017年11月19日まで)

## 人気データ

| 人気ランク | 着別度数 | 勝率 | 連対率 | 複勝率 | 単回値 | 複回値 |
|---|---|---|---|---|---|---|
| A | 33-12-10-13/68 | 49% | 66% | 81% | 97 | 96 |
| B | 85-64-53-191/393 | 22% | 38% | 51% | 76 | 80 |
| C | 66-71-77-420/634 | 10% | 22% | 34% | 81 | 78 |
| D | 43-74-72-1023/1212 | 4% | 10% | 16% | 62 | 69 |
| E | 13-20-27-1186/1246 | 1% | 3% | 5% | 58 | 66 |

| 人気ランク | レース的中率 | 回収値 |
|---|---|---|
| 人気ランクA−Cのワイドボックス | 75.0% | 83.2 |
| 人気ランクA−Cの馬連ボックス | 43.3% | 68.0 |

## ローテーションデータ

| ローテーション | 着別度数 | 勝率 | 連対率 | 複勝率 | 単回値 | 複回値 |
|---|---|---|---|---|---|---|
| 距離延長 | 45-33-48-509/635 | 7% | 12% | 20% | 61 | 58 |
| 同距離 | 133-135-127-1206/1601 | 8% | 17% | 25% | 66 | 88 |
| 距離短縮 | 52-63-54-947/1116 | 5% | 10% | 15% | 65 | 60 |

## トラックバイアスデータ

| | レース数 | 超外 | 外 | 超内 | 内 | なし |
|---|---|---|---|---|---|---|
| コース取り | 240 | 7% | 22% | 4% | 12% | 56% |

| | レース数 | 超差し | 差し | 超前 | 前 | なし |
|---|---|---|---|---|---|---|
| 位置取り | 240 | 1% | 13% | 0% | 8% | 78% |

## 父の国分類データ

| 国分類 | 着別度数 | 勝率 | 連対率 | 複勝率 | 単回値 | 複回値 |
|---|---|---|---|---|---|---|
| 米国 | 116-120-107-1276/1619 | 7% | 15% | 21% | 69 | 70 |
| 日本 | 77-72-75-908/1132 | 7% | 13% | 20% | 62 | 65 |
| 欧州 | 47-49-57-649/802 | 6% | 12% | 19% | 66 | 84 |

## 父×母父の国分類データ

| 父×母父の国分類 | 着別度数 | 勝率 | 連対率 | 複勝率 | 単回値 | 複回値 |
|---|---|---|---|---|---|---|
| 米国 × 米国 | 57-49-41-451/598 | 10% | 18% | 25% | 92 | 76 |
| 米国 × 日本 | 38-33-32-421/524 | 7% | 14% | 20% | 69 | 61 |
| 米国 × 欧州 | 21-38-34-404/497 | 4% | 12% | 19% | 41 | 72 |
| 日本 × 米国 | 42-28-45-438/553 | 8% | 13% | 21% | 66 | 72 |
| 日本 × 日本 | 7-9-2-64/82 | 9% | 20% | 22% | 53 | 44 |
| 日本 × 欧州 | 28-35-28-406/497 | 6% | 13% | 18% | 60 | 60 |
| 欧州 × 米国 | 17-17-22-225/281 | 6% | 12% | 20% | 93 | 84 |
| 欧州 × 日本 | 17-18-17-237/289 | 6% | 12% | 18% | 61 | 101 |
| 欧州 × 欧州 | 13-14-18-187/232 | 6% | 12% | 19% | 40 | 64 |

## 父 出現率上位データ

| 父 | | 着別度数 | 勝率 | 連対率 | 複勝率 | 単回値 | 複回値 |
|---|---|---|---|---|---|---|---|
| サウスヴィグラス | 米 | 18-19-16-160/213 | 9% | 17% | 25% | 37 | 70 |
| ダイワメジャー | 日 | 8-12-7-88/115 | 7% | 17% | 24% | 45 | 51 |
| ゴールドアリュール | 日 | 15-4-7-74/100 | 15% | 19% | 26% | 94 | 82 |
| キンシャサノキセキ | 日 | 10-9-5-82/106 | 9% | 18% | 23% | 39 | 81 |
| ファスリエフ | 米 | 7-7-9-88/111 | 6% | 13% | 21% | 23 | 63 |
| メイショウボーラー | 米 | 9-5-5-51/70 | 13% | 20% | 27% | 71 | 69 |
| スウェプトオーヴァーボード | 米 | 6-4-8-65/83 | 7% | 12% | 22% | 62 | 73 |

## 母父 出現率上位データ

| 母父 | | 着別度数 | 勝率 | 連対率 | 複勝率 | 単回値 | 複回値 |
|---|---|---|---|---|---|---|---|
| フジキセキ | 日 | 16-10-17-110/153 | 11% | 17% | 28% | 69 | 169 |
| サンデーサイレンス | 日 | 9-15-9-139/172 | 5% | 14% | 19% | 41 | 62 |
| フレンチデピュティ | 米 | 3-5-12-69/89 | 3% | 9% | 23% | 52 | 84 |

新潟 ダ1200m

## 血統ビーム
# 亀谷敬正の見解

## ダート1200としては異質なコースで
## 特に血統の傾向に注意

　ダート1200mのチャンピオン種牡馬、サウスヴィグラスと相性が悪いコースです。

　人気ランクA〜Cの人気サイドの単勝回収率が、2014〜2017年は46%しかありません。複勝回収率も76%とサウスヴィグラスにしては悪い数字。これはつまり、当コースで凡走したサウスヴィグラス産駒が他コースに変わったときに巻き返しやすいことの裏返しです。この特徴を馬券に有効活用しましょう。

　サウスヴィグラスの人気馬の相性が悪い代わりに、ゴールドアリュールやキンシャサノキセキなど、サンデー系のなかではダート適性の高い種牡馬の成績が優秀な点は見逃せません。

　また、父欧州型でダート適性が高いタイプも走りやすいコースです。なかでも外枠に注目で、2桁馬番の馬は好走率も期待値も上昇します。芝指向の血統馬は、芝スタートでもまれない外枠のほうがより走りやすいですからね。外枠は短縮のローテーションも走りやすいと覚えておきましょう。

**新潟**
**ダ1200m**

---

### 亀谷敬正　新潟ダ1200mのポイント

## ◎ダート1200mのチャンピオン種牡馬であるサウスヴィグラスの成績が悪い

- ◎ゴールドアリュール、キンシャサノキセキなど、ダート適性の高いサンデー系種牡馬が優秀
- ◎父欧州型でダート適性が高いタイプも走りやすい
- ◎2桁馬番の馬は好走率も期待値も高い

## 前走不利の錬金術師
# 双馬毅の見解

## 該当馬をひたすら買い続ければ
## どこかで必ず大きい馬券が獲れる!!

　このコースの狙い方はただひとつ。中枠から外枠に入った馬で、前走で展開の不利を受けている先行馬、もしくはテンのスピードが速いことがわかっている先行馬。短縮馬であればベター。これだけをひたすら買い続けてください。どこかで必ず大きい馬券が獲れます。

　そう言いきれる最大の理由は、内枠断然不利なコース形態にあります。芝スタートの新潟ダ1200mの内枠、とりわけ1〜2枠は芝を走れる距離が短いため、中枠から外枠の馬に比べて先行争いで2〜3歩ほど後れをとってしまうのです。ごくまれに先行争いが激しくならないレースがあり、内枠でも行ききれることがありますが、その可能性はきわめて低いと考えたほうがいいでしょう。是が非でも行きたいクチが最内枠に入ったら好都合。オイシイ〝カモ〟と考えてバシバシ切っ

てください。

　さらにこのコースは3〜4コーナーのカーブがキツいため、中盤の
ラップが緩みやすいという特徴もあります。そうなると、先行有利に
さらに拍車がかかるわけです。差しが非常に決まりづらく、中枠から
外枠でダッシュ力のある馬が常に主導権を握ることができます。短縮
が利くコースは外枠の差し馬を狙うのが正解というケースが多いので
すが、このコースに関しては〝短縮の先行馬〟が優勢です。ダートの
千二のなかでは珍しい特徴を持ったコースと言えるでしょう。

　ベストは中枠。次に外枠。フルゲートの一戦であれば、8〜12番ゲ
ートあたりが理想的で、12番ゲートよりも外になると、相当なダッシ
ュ力が求められます。中枠から外枠に入り、「この馬が絶対一番速い」
と確信できる馬がいたら勝負する以外に選択肢はありません。

---

## 双馬毅　新潟ダ1200mのポイント

◎中枠から外枠に入った馬で、前走で展開の不利を受けている先行馬、もしくはテンのスピードが速いことがわかっている先行馬を狙い続ける

◎短縮馬であればベター

◎是が非でも行きたい馬が最内枠に入ったら〝カモ〟と考えて切る

## Sample Race

### 2017年5月20日　新潟11R　火打山特別　ダ1200m良

| 着 | 枠 | 馬番 | 馬名 | 性齢 | 斤量 | タイム | 位置取り | 上がり | 人気 |
|---|---|---|---|---|---|---|---|---|---|
| 1 | 2 | 3 | タガノヴィッター | 牡4 | 57 | 1:12.0 | 7-7 | 37.0 | 1 |
| 2 | 5 | 9 | マーシレス | 牡6 | 57 | 1:12.0 | 1-1 | 37.8 | 9 |
| 3 | 8 | 14 | ウインバローラス | 牡5 | 57 | 1:12.1 | 3-2 | 37.7 | 6 |

単勝310円　複勝160円 440円 370円　枠連1,860円　馬連2,640円
ワイド1,020円 960円 4,220円　馬単4,240円　三連複11,960円　三連単47,730円

### マーシレスの前3走

| 日付 | レース名 | コース | 頭数 | 枠 | 馬番 | 位置取り | 上がり | 人気 | 着順 |
|---|---|---|---|---|---|---|---|---|---|
| 2016/8/20 | 苗場特別1000 | 新潟ダ1200良 | 15 | 5 | 8 | 1-1 | 37.2 | 6 | 5 |
| 2016/10/15 | 妙高特別1000 | 新潟ダ1200良 | 15 | 1 | 1 | 1-1 | 38.0 | 10 | 7 |
| 2017/3/12 | 4歳上1000万下 | 阪神ダ1200良 | 16 | 2 | 4 | 8-10 | 37.1 | 11 | 14 |
| ▼ | | | | | | | | | |
| 2017/5/20 | 火打山特別1000 | 新潟ダ1200良 | 15 | 5 | 9 | 1-1 | 37.8 | 9 | 2 |

「何が逃げるか？」を考えた際、最有力と私が判断したのが⑨マーシレスです。前走は阪神ダ1200mのレースで、本来の逃げ脚を繰り出せずに14着に惨敗していました。理由は明白で、6戦ぶりのダートスタートだったから。芝スタートに慣れた馬が久々にダートスタートのコースに出てくると、たいてい滑って走りづらそうにします。この馬はその前に阪神ダ1200mを使われたときも、もまれて大敗を喫していました。本質的に、ダートスタートが得意ではないのでしょう。

今回は実績十分の新潟の千二で、しかも絶好枠と言える9番ゲート。枠の有利さを生かしてポンとハナに立てる可能性が非常に高く、仮に逃げられなくても前に行けることは間違いないと判断できました。「前走は不利な展開に巻き込まれたが、今回は芝スタートかつベストの枠で圧倒的な苦痛から解放されるだろう」と。そして実際に逃げ、1番人気の③タガノヴィッターにハナ差負けるも9番人気2着と鮮やかに巻き返してみせました。これがセオリー通りの狙い方です。

ちなみに、3着の⑭ウインバローラスも外枠に入った先行馬。2番人気に支持された⑪パッシングブリーズは典型的な差し・追い込み馬で、案の定、差し届かず4着に敗れました。

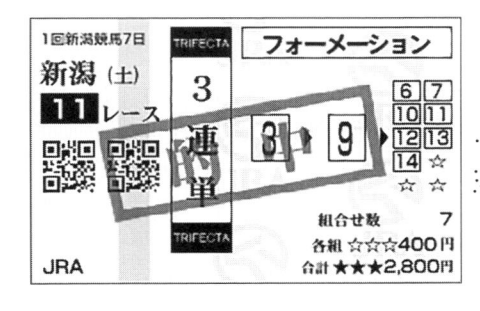

COURSE DATA

# 新潟ダ1800m

niigata dirt_1800m

集計期間:2014年〜2017年11月26日(人気データ、トラックバイアスデータのみ2017年11月19日まで)

## 人気データ

| 人気ランク | 着別度数 | 勝率 | 連対率 | 複勝率 | 単回値 | 複回値 |
|---|---|---|---|---|---|---|
| A | 37-21-12-22/92 | 40% | 63% | 76% | 76 | 88 |
| B | 97-73-62-190/422 | 23% | 40% | 55% | 79 | 81 |
| C | 68-87-70-434/659 | 10% | 24% | 34% | 81 | 76 |
| D | 53-64-92-1166/1375 | 4% | 9% | 15% | 82 | 69 |
| E | 12-20-31-1117/1180 | 1% | 3% | 5% | 63 | 75 |

| 人気ランク | レース的中率 | 回収値 |
|---|---|---|
| 人気ランクA−Cのワイドボックス | 72.6% | 77.8 |
| 人気ランクA−Cの馬連ボックス | 51.5% | 80.5 |

## ローテーションデータ

| ローテーション | 着別度数 | 勝率 | 連対率 | 複勝率 | 単回値 | 複回値 |
|---|---|---|---|---|---|---|
| 距離延長 | 105-106-104-1325/1640 | 6% | 13% | 19% | 58 | 70 |
| 同距離 | 130-126-135-1152/1543 | 8% | 17% | 25% | 89 | 81 |
| 距離短縮 | 26-29-23-341/419 | 6% | 13% | 19% | 100 | 75 |

## トラックバイアスデータ

| | レース数 | 超外 | 外 | 超内 | 内 | なし |
|---|---|---|---|---|---|---|
| コース取り | 267 | 3% | 15% | 1% | 12% | 70% |

| | レース数 | 超差し | 差し | 超前 | 前 | なし |
|---|---|---|---|---|---|---|
| 位置取り | 267 | 3% | 22% | 0% | 3% | 72% |

新潟 ダ1800m

## 父の国分類データ

| 国分類 | 着別度数 | 勝率 | 連対率 | 複勝率 | 単回値 | 複回値 |
|---|---|---|---|---|---|---|
| 米国 | 83-76-74-844/1077 | 8% | 15% | 22% | 90 | 82 |
| 日本 | 115-113-116-1197/1541 | 8% | 15% | 22% | 73 | 75 |
| 欧州 | 69-76-77-888/1110 | 6% | 13% | 20% | 66 | 65 |

## 父×母父の国分類データ

| 父×母父の国分類 | 着別度数 | 勝率 | 連対率 | 複勝率 | 単回値 | 複回値 |
|---|---|---|---|---|---|---|
| 米国 × 米国 | 28-23-21-266/338 | 8% | 15% | 21% | 104 | 74 |
| 米国 × 日本 | 36-28-28-288/380 | 10% | 17% | 24% | 83 | 89 |
| 米国 × 欧州 | 19-25-25-290/359 | 5% | 12% | 19% | 85 | 82 |
| 日本 × 米国 | 65-64-62-572/763 | 9% | 17% | 25% | 89 | 89 |
| 日本 × 日本 | 2-4-6-58/70 | 3% | 9% | 17% | 6 | 28 |
| 日本 × 欧州 | 48-45-48-567/708 | 7% | 13% | 20% | 61 | 65 |
| 欧州 × 米国 | 21-15-22-235/293 | 7% | 12% | 20% | 69 | 65 |
| 欧州 × 日本 | 32-34-29-391/486 | 7% | 14% | 20% | 59 | 59 |
| 欧州 × 欧州 | 16-27-26-262/331 | 5% | 13% | 21% | 74 | 75 |

## 父 出現率上位データ

| 父 | | 着別度数 | 勝率 | 連対率 | 複勝率 | 単回値 | 複回値 |
|---|---|---|---|---|---|---|---|
| ゼンノロブロイ | 日 | 17-14-14-104/149 | 11% | 21% | 30% | 94 | 140 |
| ゴールドアリュール | 日 | 13-17-15-109/154 | 8% | 20% | 29% | 36 | 89 |
| キングカメハメハ | 欧 | 16-15-13-109/153 | 11% | 20% | 29% | 124 | 101 |
| シンボリクリスエス | 欧 | 9-10-16-114/149 | 6% | 13% | 24% | 49 | 70 |
| ハーツクライ | 日 | 6-16-10-85/117 | 5% | 19% | 27% | 69 | 72 |
| ネオユニヴァース | 日 | 10-8-12-70/100 | 10% | 18% | 30% | 150 | 73 |
| クロフネ | 米 | 7-11-8-102/128 | 6% | 14% | 20% | 47 | 81 |

## 母父 出現率上位データ

| 母父 | | 着別度数 | 勝率 | 連対率 | 複勝率 | 単回値 | 複回値 |
|---|---|---|---|---|---|---|---|
| サンデーサイレンス | 日 | 23-16-19-229/287 | 8% | 14% | 20% | 68 | 67 |
| ブライアンズタイム | 欧 | 10-10-16-117/153 | 7% | 13% | 24% | 43 | 92 |
| ダンスインザダーク | 日 | 10-7-8-72/97 | 10% | 18% | 26% | 52 | 103 |

新潟 ダ1800m

## 血統ビーム
# 亀谷敬正の見解

## 米国型のマイナー血統と
## 末脚勝負型に注目すべきコース

ほかのダート1800m同様、米国血統が強いです。このコース独特の傾向を挙げるならば、主流のボールドルーラー系やミスプロ系ではなく、ダマスカスやニアークティックの系統が優勢ということ。これは非常に珍しい特徴です。

これらは母父に入っていてもOK。ダマスカス系やニアークティック系はアメリカに残っているマイナー血統で、ごくわずかながら走る条件があるんです。

マイナーであるのは、活躍できる競馬場がマイナーであるからなわけで、日本の場合は新潟ダ1800mでハマります。それ以外にもアメリカの小回りダートに強い印象の血統が、けっこう走ってくれますね。

ダマスカス系は飛ばしていって粘り込みを図る競馬が得意な血統なので、末脚がハマるコースながらも前に行けるタイプのほうがベター。マイナー血統ゆえに数は少ないのですが、コンスタントに穴馬券を提供してくれます。父あるいは母父がダマスカス系という馬は、2016年、2017年とこの2年間で15頭しか出走していないのに（10月15日時点）、前走10着以下に大敗していた人気薄が4頭も馬券になっているんです。見つけたらぜひ買っておいてください。

ダマスカス系ではキャプテンスティーヴ、ニアークティック系ではトランセンドが、このコースと好相性。いずれも現役時にドバイワールドカップで好走した馬ですが、両系統以外でもドバイ好走実績のある種牡馬は活躍しており、ロージズインメイ、ヴィクトワールピサ、

新潟 ダ1800m

おまけにその父のネオユニヴァースの子供たちもよく走ります。「ダマスカス&ニアークティック&ドバイワールドカップ血統のコース」と覚えておきましょう。

　馬柱上のポイントはシンプルに「前走上がり2位以内」の馬を狙うこと。特に父米国型が優秀で、これに父欧州型が続きます。2014年以降、「父米国型」かつ「前走上がり2位以内」の単勝回収率は237%、複勝回収率も103%と非常に優秀。「父日本型以外」かつ「前走上がり2位以内」のワイドボックスも的中率27%、回収率177%とハイアベレージで、特に1勝馬以上のクラスで成績が上昇します（回収率200%超え）。

　米国型のなかでもマイナー系か末脚勝負型に注目すべきコースと結論付けられるでしょう。

---

### 亀谷敬正　新潟ダ1800mのポイント

◎他場のダート1800m同様、米国血統が強い

◎ダマスカス&ニアークティック&ドバイワールドカップ血統に注目（ダマスカス系ではキャプテンスティーヴ、ニアークティック系ではトランセンドが好相性）

◎「前走上がり2位以内」の馬の期待値が高い

新潟
ダ1800m

# 小倉競馬場
## KOKURA RACECOURSE

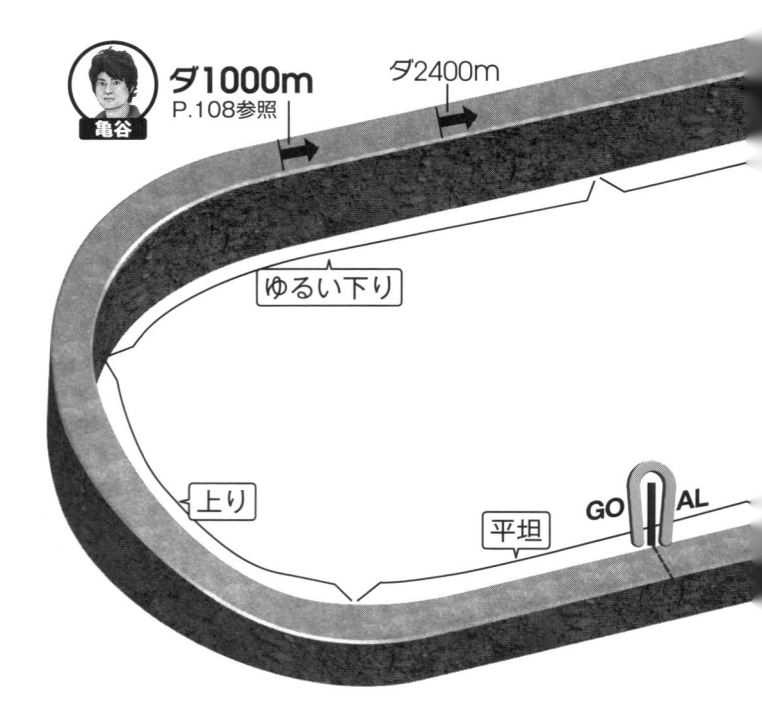

亀谷 **ダ1000m** P.108参照

**ダ2400m**

ゆるい下り

上り

平坦

GO AL

 ## スピードタイプの外枠の活躍が顕著!

　直線はほとんど平坦で、コーナーも比較的回りやすい設計。ローカルのなかではスピード勝負になりやすく、速い時計の出るコースである。小回りゆえに前残りは多いが、一辺倒というわけではない。適度に馬場が締まったときは、差しも十分に決まる。千も千七も、スピードのある馬が外枠に入った

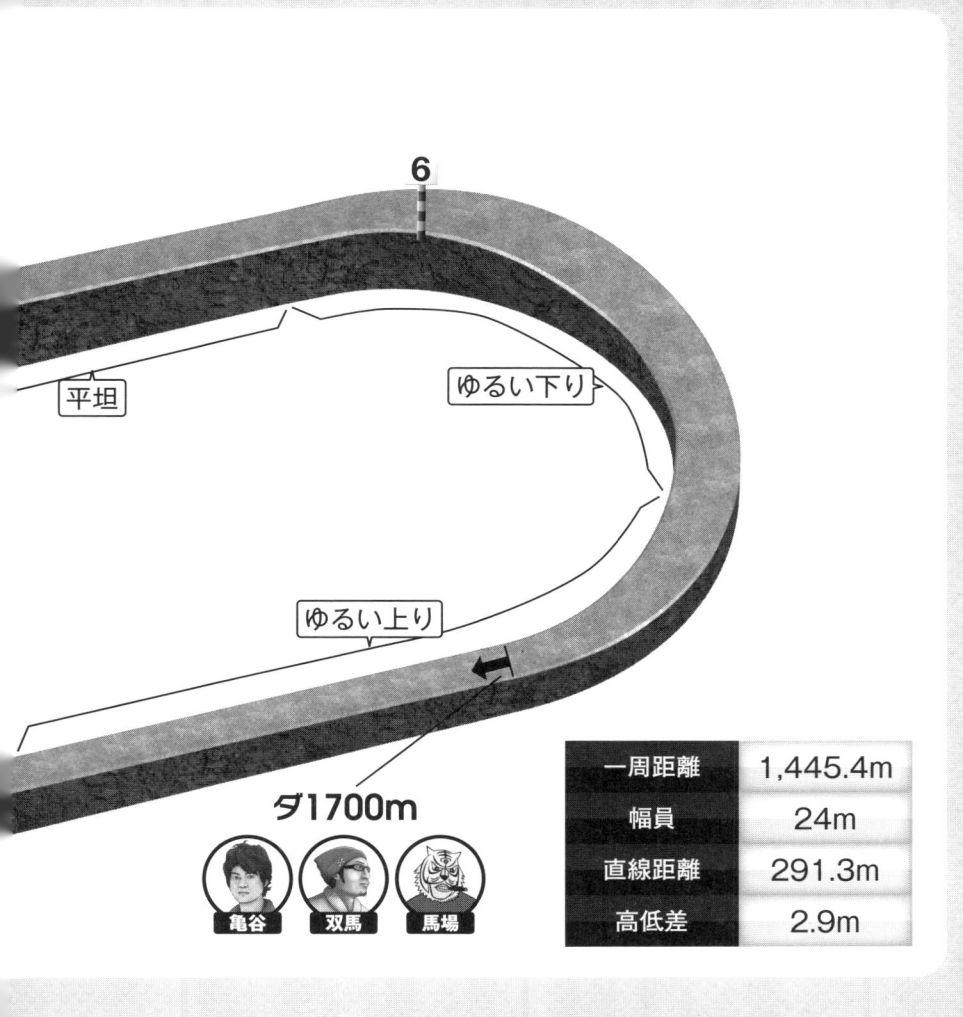

**6**

平坦

ゆるい下り

ゆるい上り

ダ1700m

亀谷　双馬　馬場

| 一周距離 | 1,445.4m |
|---|---|
| 幅員 | 24m |
| 直線距離 | 291.3m |
| 高低差 | 2.9m |

ときは、脚質に関係なく活躍する傾向にあることもしっかり押さえておきたい。夏と冬を比べると、散水をする夏のほうが締まった馬場になることが多く、外から仕掛けやすくなる。一方、時計のかかる冬場のほうが前は残る。ただし、雨が降ってより馬場が軽くなるとタイムトライアル的なレースになり、内を通ったほうが有利になる馬場になるケースは注意したい。

COURSE DATA

# 小倉ダ1700m
## kokura dirt_1700m

集計期間:2014年〜2017年11月26日(人気データ、トラックバイアスデータのみ2017年11月19日まで)

## 人気データ

| 人気ランク | 着別度数 | 勝率 | 連対率 | 複勝率 | 単回値 | 複回値 |
|---|---|---|---|---|---|---|
| A | 33-17-16-29/95 | 35% | 53% | 70% | 77 | 85 |
| B | 56-56-42-158/312 | 18% | 36% | 49% | 68 | 77 |
| C | 66-65-64-389/584 | 11% | 22% | 33% | 94 | 82 |
| D | 45-60-55-921/1081 | 4% | 10% | 15% | 85 | 71 |
| E | 20-23-42-1221/1306 | 2% | 3% | 7% | 104 | 88 |

| 人気ランク | レース的中率 | 回収値 |
|---|---|---|
| 人気ランクA−Cのワイドボックス | 69.1% | 77.0 |
| 人気ランクA−Cの馬連ボックス | 40.9% | 74.8 |

## ローテーションデータ

| ローテーション | 着別度数 | 勝率 | 連対率 | 複勝率 | 単回値 | 複回値 |
|---|---|---|---|---|---|---|
| 距離延長 | 45-53-46-895/1039 | 4% | 9% | 14% | 85 | 78 |
| 同距離 | 63-58-66-573/760 | 8% | 16% | 25% | 67 | 72 |
| 距離短縮 | 112-110-106-1217/1545 | 7% | 14% | 21% | 110 | 88 |

## トラックバイアスデータ

| | レース数 | 超外 | 外 | 超内 | 内 | なし |
|---|---|---|---|---|---|---|
| コース取り | 220 | 5% | 19% | 1% | 9% | 66% |

| | レース数 | 超差し | 差し | 超前 | 前 | なし |
|---|---|---|---|---|---|---|
| 位置取り | 220 | 7% | 28% | 0% | 5% | 61% |

## 父の国分類データ

| 国分類 | 着別度数 | 勝率 | 連対率 | 複勝率 | 単回値 | 複回値 |
|---|---|---|---|---|---|---|
| 米国 | 85-75-75-853/1088 | 8% | 15% | 22% | 114 | 88 |
| 日本 | 80-90-86-1104/1360 | 6% | 13% | 19% | 59 | 75 |
| 欧州 | 55-56-58-761/930 | 6% | 12% | 18% | 113 | 80 |

## 父×母父の国分類データ

| 父×母父の国分類 | | 着別度数 | 勝率 | 連対率 | 複勝率 | 単回値 | 複回値 |
|---|---|---|---|---|---|---|---|
| 米国 × 米国 | | 25-34-25-305/389 | 6% | 15% | 22% | 71 | 94 |
| 米国 × 日本 | | 28-24-26-263/341 | 8% | 15% | 23% | 77 | 81 |
| 米国 × 欧州 | | 32-17-24-285/358 | 9% | 14% | 20% | 195 | 89 |
| 日本 × 米国 | | 44-43-47-550/684 | 6% | 13% | 20% | 61 | 72 |
| 日本 × 日本 | | 3-7-5-66/81 | 4% | 12% | 19% | 27 | 59 |
| 日本 × 欧州 | | 33-40-34-488/595 | 6% | 12% | 18% | 61 | 81 |
| 欧州 × 米国 | | 11-14-21-223/269 | 4% | 9% | 17% | 59 | 64 |
| 欧州 × 日本 | | 27-26-19-317/389 | 7% | 14% | 19% | 86 | 67 |
| 欧州 × 欧州 | | 17-16-18-221/272 | 6% | 12% | 19% | 206 | 115 |

## 父 出現率上位データ

| 父 | | 着別度数 | 勝率 | 連対率 | 複勝率 | 単回値 | 複回値 |
|---|---|---|---|---|---|---|---|
| キングカメハメハ | 欧 | 14-19-13-104/150 | 9% | 22% | 31% | 146 | 94 |
| シンボリクリスエス | 欧 | 11-10-9-95/125 | 9% | 17% | 24% | 69 | 96 |
| クロフネ | 米 | 13-5-10-86/114 | 11% | 16% | 25% | 162 | 65 |
| ネオユニヴァース | 日 | 11-10-5-74/100 | 11% | 21% | 26% | 116 | 78 |
| エンパイアメーカー | 米 | 9-8-8-75/100 | 9% | 17% | 25% | 62 | 105 |
| ゴールドアリュール | 日 | 8-9-7-92/116 | 7% | 15% | 21% | 104 | 73 |
| ハーツクライ | 日 | 5-8-4-53/70 | 7% | 19% | 24% | 104 | 60 |

## 母父 出現率上位データ

| 母父 | | 着別度数 | 勝率 | 連対率 | 複勝率 | 単回値 | 複回値 |
|---|---|---|---|---|---|---|---|
| サンデーサイレンス | 日 | 20-15-14-203/252 | 8% | 14% | 19% | 75 | 77 |
| ブライアンズタイム | 欧 | 14-5-17-105/141 | 10% | 14% | 26% | 203 | 106 |
| フレンチデピュティ | 米 | 6-5-9-71/91 | 7% | 12% | 22% | 48 | 49 |

小倉
ダ1700m

## 血統ビーム
# 亀谷敬正の見解

## 「米国血統」「距離変更」「外枠」
## この3つのポイントを押さえることが重要

　まずは、出走馬の前走距離をチェックしてください。

　パフォーマンスが良いのは、短縮・延長を合わせた距離変更組。特に、短縮組が優勢です。

　同距離の千七組の成績はパッとしません。そもそも、ローカルの千七路線を連戦するような馬は実力的に信用できない面々ばかり。人気になってもアッサリと沈みます。なかでも、もれなく人気を集める前走好走馬は、ハナから疑ってかかったほうがいいでしょう。

　前走距離別成績を見れば一目瞭然です。同距離の馬は、好走率だけでなく回収率も低い。人気馬が飛ぶばかりでなく、人気薄も走らないということです。これに対し、距離変更組が馬券圏内（3着以内）に2頭入る確率は75%もあります。

　さらなる絞り込みを行うにあたっては、血統が威力を発揮してくれます。短縮馬で圧倒的に成績が優秀なのは父米国型で、該当馬は2015年以降、単勝回収率179%、複勝回収率106%を記録しているんです。

　逆に短縮でも成績が悪いのは「父日本型」です。「父欧州型」はまずまずといったところでしょうか。

　延長馬は、前走1400m組が狙い目。なかでも、近走で上がりタイムが上位の馬のパフォーマンスが高く、「前走1400m」かつ『競馬研究所』サイトで公開している「上がりパターン15」に該当する馬は、単勝回収率、複勝回収率ともに3年連続して110%超えを達成しています。

　また、このコースは外枠が有利です。単純に5枠から8枠の単勝を全

部買い占めるだけでも、年単位で120%以上の回収率が2015 〜 2017年と3年間も続いています。

　これは、このコースも得意な米国血統には外枠が得意な馬が多いことも関係しています。米国型の血統は砂をかぶるのが苦手な馬が多いので、砂をかぶりにくい外枠に入ったときに特にハマるんです。ダート馬は「外枠しか走らない」というタイプも多く、前走、苦手な内枠で負けていた馬が距離変更で外枠に入ったときが、最も変わり身に期待できる瞬間です。また、米国血統の大型馬は外枠のほうが、コーナーでスピードに乗せやすい面もあります。

　さらに付け加えておくと、約40%のレースで5枠より外の人気ランクC 〜 Eの人気薄が勝利しており、「5枠より外」かつ「前走1400mもしくは1800m以上」の馬は、2015年から3年連続で年単位の単勝回収率150%以上をマークしているんです。

「米国血統」「距離変更」「外枠」。この3つのポイントを押さえることが重要なコースと覚えておきましょう。

　もちろん、外枠がものすごく不利になる馬場が発生するケースもあるので、馬場傾向の変化には常に意識を向けておいてください。

　また、「距離変更」「外枠」に該当するパターンでも「父日本型」はたいていパフォーマンスを落とすことも知っておきたい傾向です。

---

### 亀谷敬正　小倉ダ1700mのポイント

**◎距離変更組、特に短縮組が優秀**

**◎短縮馬の中でも圧倒的に成績が優秀なのは父米国型**

◎延長馬は、前走1400m組で近走上がりタイム上位の馬が狙い目

◎5枠から8枠の期待値が非常に高い

## 前走不利の錬金術師
# 双馬毅の見解

## ハイペースになりやすくスタミナが必要なため短縮馬が狙い目になる

　小倉ダ1700mはコース形態上ハイペースになりやすく、馬場が渋るとその傾向がさらに加速し、差し決着が多くなります。良馬場であれば前目につけないと厳しいですが、道悪のときは待機策もけっこうハマるということです。千七のイメージ以上に脚を使わされる距離が長くなり、スピードはもちろんのこと、ある程度のスタミナも求められます。それまで千二や千四でスピード任せに走ってきた馬の距離延長時は厳しいです。同じような感覚で走っていたら、最後にスタミナが足りなくなりますから。

　というわけで、もはや説明不要かもしれませんが、狙い目になるのは短縮馬です。本来スピード寄りの馬が、短縮で出てきてスピードを生かして押し切る競馬がイメージできれば、積極的に狙っていきましょう。前走が京都・阪神・中京・新潟の千八というのが定番のローテ。『競馬研究所』サイトの前走双馬メモで「ローテ不利」が付いている馬は、

小倉
ダ1700M

とりわけ期待値が高いです。

　ひとつ勘違いしないでいただきたいのは、延長馬が苦戦必至なのは事実ながら、千二や千四でスピードを見せている馬に対して「千七は距離が長い。不向き」と判断するのは早計ということ。仮に延長時に惨敗しても、次走が同距離なら巻き返す可能性を視野に入れなければなりません。千四→千四→千七という馬は買えませんが、千四→千四→千七ときて惨敗したあとの千七であれば、狙う余地はあります。千七のペースや距離に慣れることにより、次はパフォーマンスを上げてくるケースが増えるからです。

　ダートの千四の流れについていける馬は、小倉の千七で求められるスピード量的には足りています。延長時に走れないのはメンタル面の理由が大きく、スタミナ的には問題ないというケースは多々あるのです。千四の気持ちでスタートするから千七を走れないのであって、最初から千七の気持ちであれば話は変わってきます。「距離延長敗退馬の次走同距離狙い」は戦術として有効です。軸の有力候補は短縮馬ですが、距離延長惨敗後の同距離馬をヒモに入れるのはおおいにアリだと思います。

## 双馬毅　小倉ダ1700mのポイント

◎本来スピード寄りの馬が、短縮で出てきたら、積極的に狙う

◎前走が京都・阪神・中京・新潟の千八というのが定番のローテ

◎「距離延長敗退馬の次走同距離狙い」は有効

## Sample Race

### 2017年8月20日　小倉12R　3歳上500万下　ダ1700m良

| 着 | 枠 | 馬番 | 馬名 | 性齢 | 斤量 | タイム | 前走コース | 前走位置取り | 人気 |
|---|---|---|---|---|---|---|---|---|---|
| 1 | 3 | 6 | テルペリオン | 牡3 | 54 | 1:45.6 | 京都ダ1800 | 2-2-2-2 | 5 |
| 2 | 4 | 8 | タイセイバルサー | 牡4 | 54 | 1:46.0 | 小倉ダ1700 | 8-8-8-6 | 7 |
| 3 | 1 | 2 | ミキノトランペット | 牡3 | 54 | 1:46.1 | 中京ダ1800 | 6-6-4-5 | 1 |

単勝670円　複勝220円　460円　180円　枠連4,970円　馬連6,600円
ワイド1,950円　570円　1,120円　馬単10,140円　三連複6,470円　三連単43,590円

　私が注目したのは⑥テルペリオンです。この馬は千八から千七への短縮ローテだった2走前に勝利し、続く前走は千八への距離延長で、ハイペースに巻き込まれて6着に敗れていました。前走は距離延長と展開不利の二重苦。それを考えれば6着というのは上々の結果で、なかなか強い馬と考えることができます。そしてここは短縮かつ2走前に勝っている距離という、典型的な狙い目条件に合致していました。結果、2着にコンマ4秒差をつけての快勝。単勝6.7倍の5番人気は、ちょっとナメられすぎだったと思います。

　2着に入った⑧タイセイバルサーも、絵に描いたような変わり身要素満載のタイプでした。前々走が芝の千二で、前走はダートの千七。芝の千二を走った直後に、いきなりダートの千七の気分にはなれないでしょう。馬は走りながら「えー？」と驚いていたと思います。にもかかわらず、15番人気6着。これはダートの千七適性が高い証拠です。弱い馬なら惨敗してもおかしくありません。

　そして今回は、前走と同じ小倉のダート千七。一度流れを経験している舞台ゆえに前進必至の状況で、しっかりと差して2着にまで追い上げてきていました。1、2着馬は、「買えないわけがない」と言えるほどわかりやすいタイプでした。

　ちなみに、3着の②ミキノトランペットも短縮馬。ついでに言うと、4着の⑮ラレータも短縮馬でした。小倉ダ1700mでは、短縮馬を買わないと話にならないことが、この1レースを見るだけでわかると思います。

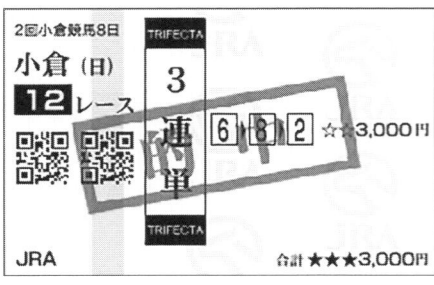

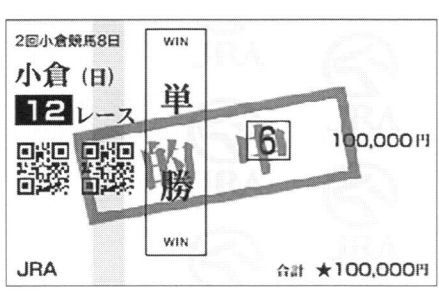

## トラックバイアス分析のプロ
# 馬場虎太郎の見解

## 福島よりも外枠有利の傾向にあり
## 脚質よりも枠を重視すべき

先に触れた福島ダ1700mとコースの構造、特性は似ています。基本的に外枠が有利で、年間を通じてその傾向に変わりはなし。マクリが決まりやすく、機動力のある馬が活躍しやすい。内枠の先行馬はスタート後に無理を強いられるぶん、最後にお釣りがなくなってしまうことが多い。3場目の開催時は騎手のレベルが落ちるので荒れやすい。大きくまとめると、こんなところです。

福島との違いは、こちらは差しにこだわらなくていいということ。先行馬であっても、器用に立ち回れる脚を持っている馬が外枠に入れば、扱いを下げる必要はありません。なにがなんでもというタイプは別ですが、じわじわと内に寄せていって好位を取るタイプの外枠先行馬ならむしろ好感が持てます。福島よりも外枠有利の傾向にあるので、とにかく脚質よりも枠を重視したほうがいいでしょう。内枠の先行馬が強引な競馬をして流れが速くなると、差しが決まります。福島よりも馬場が軽いので、速い上がりの競馬にも対応できる差し馬を狙うのがベストです。

---

### 馬場虎太郎　小倉ダ1700mのポイント

◎基本的に外枠が有利で、マクリが決まりやすく、機動力のある馬が活躍する

◎3場目の開催時は荒れやすい

# 中京競馬場

## CHUKYO RACECOURSE

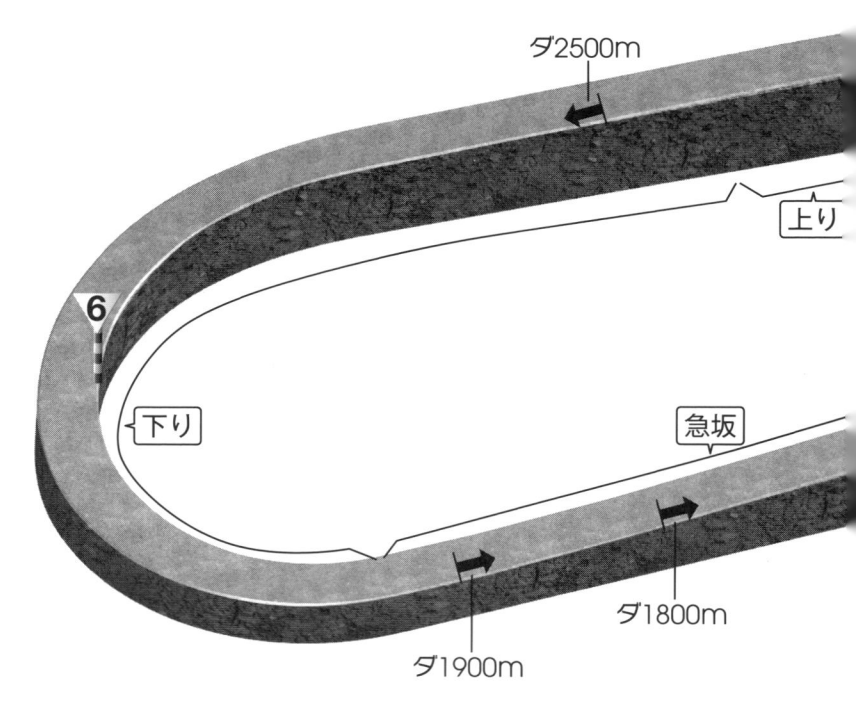

ダ2500m

上り

6

下り

急坂

ダ1800m

ダ1900m

## 先行馬も追走馬もバテやすいコース！

　東京のダートコースをややコンパクトにしたようなレイアウトだが、特徴は大きく異なる。直線の坂を上りきったあとに最後の勝負を迎える東京に対し、中京は直線の坂がダラダラと続く設計のため、登りながら仕掛けなければならない。馬場の質は重めで、軽くなるケースは少ない。東京よりもタフで体

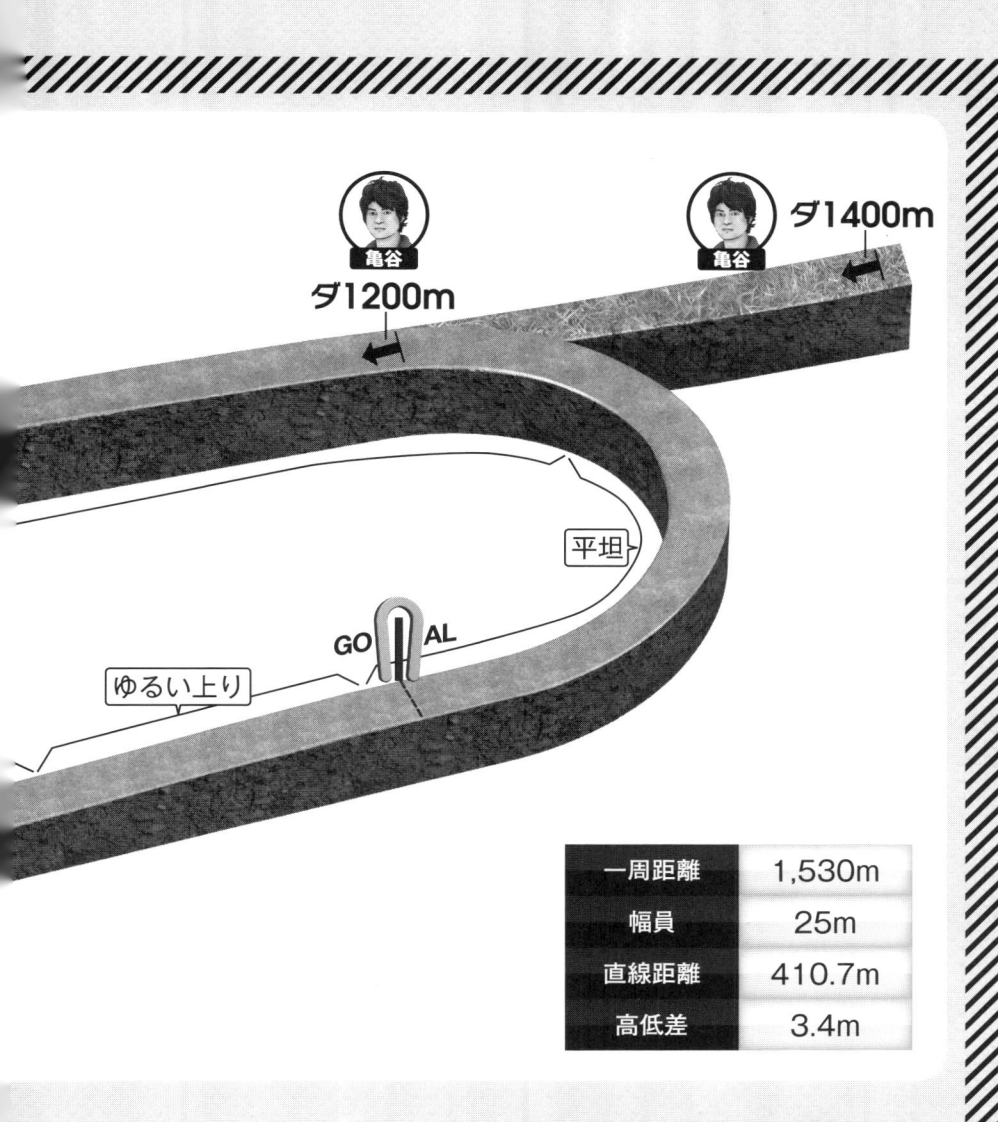

## ダ1200m

亀谷

## ダ1400m

亀谷

平坦

GOAL

ゆるい上り

| 一周距離 | 1,530m |
| --- | --- |
| 幅員 | 25m |
| 直線距離 | 410.7m |
| 高低差 | 3.4m |

力を要するコースだ。前に行った馬はバテやすいが、追走する馬も脚を使わされるので、差しはあまり決まらない。差すことができるのは、2016年のチャンピオンズCを制したサウンドトゥルーのようなオープンクラスの馬ばかり。中京はローカル開催（下級条件戦）が基本なので、出走馬のレベルが総じて低く、そのような芸当をやってのける馬がそもそもあまり出てこない。

# 中京ダ1200m
## chukyo dirt_1200m

集計期間:2014年〜2017年11月26日(人気データ、トラックバイアスデータのみ2017年11月19日まで)

COURSE DATA

## 人気データ

| 人気ランク | 着別度数 | 勝率 | 連対率 | 複勝率 | 単回値 | 複回値 |
|---|---|---|---|---|---|---|
| A | 16-7-8-16/47 | 34% | 49% | 66% | 67 | 80 |
| B | 37-37-22-87/183 | 20% | 40% | 53% | 69 | 82 |
| C | 38-24-27-233/322 | 12% | 19% | 28% | 103 | 68 |
| D | 18-41-45-484/588 | 3% | 10% | 18% | 53 | 85 |
| E | 13-13-20-743/789 | 2% | 3% | 6% | 89 | 76 |

| 人気ランク | レース的中率 | 回収値 |
|---|---|---|
| 人気ランクA−Cのワイドボックス | 64.8% | 64.8 |
| 人気ランクA−Cの馬連ボックス | 42.6% | 63.9 |

## ローテーションデータ

| ローテーション | 着別度数 | 勝率 | 連対率 | 複勝率 | 単回値 | 複回値 |
|---|---|---|---|---|---|---|
| 距離延長 | 12-7-12-158/189 | 6% | 10% | 16% | 83 | 78 |
| 同距離 | 66-82-75-818/1041 | 6% | 14% | 21% | 62 | 85 |
| 距離短縮 | 43-33-35-547/658 | 7% | 12% | 17% | 106 | 72 |

## トラックバイアスデータ

| | レース数 | 超外 | 外 | 超内 | 内 | なし |
|---|---|---|---|---|---|---|
| コース取り | 122 | 5% | 8% | 5% | 19% | 63% |

| | レース数 | 超差し | 差し | 超前 | 前 | なし |
|---|---|---|---|---|---|---|
| 位置取り | 122 | 1% | 20% | 0% | 7% | 72% |

## 父の国分類データ

| 国分類 | 着別度数 | 勝率 | 連対率 | 複勝率 | 単回値 | 複回値 |
|---|---|---|---|---|---|---|
| 米国 | 57-56-57-646/816 | 7% | 14% | 21% | 127 | 98 |
| 日本 | 45-37-38-506/626 | 7% | 13% | 19% | 49 | 65 |
| 欧州 | 20-29-27-411/487 | 4% | 10% | 16% | 33 | 60 |

## 父×母父の国分類データ

| 父×母父の国分類 | | 着別度数 | 勝率 | 連対率 | 複勝率 | 単回値 | 複回値 |
|---|---|---|---|---|---|---|---|
| 米国 × 米国 | | 30-24-18-213/285 | 11% | 19% | 25% | 183 | 101 |
| 米国 × 日本 | | 17-22-22-220/281 | 6% | 14% | 22% | 79 | 92 |
| 米国 × 欧州 | | 10-10-17-213/250 | 4% | 8% | 15% | 117 | 101 |
| 日本 × 米国 | | 23-22-15-232/292 | 8% | 15% | 21% | 64 | 64 |
| 日本 × 日本 | | 9-2-6-41/58 | 16% | 19% | 29% | 58 | 74 |
| 日本 × 欧州 | | 13-13-17-233/276 | 5% | 9% | 16% | 31 | 64 |
| 欧州 × 米国 | | 3-8-12-122/145 | 2% | 8% | 16% | 15 | 73 |
| 欧州 × 日本 | | 5-10-3-156/174 | 3% | 9% | 10% | 22 | 33 |
| 欧州 × 欧州 | | 12-11-12-133/168 | 7% | 14% | 21% | 61 | 77 |

## 父 出現率上位データ

| 父 | | 着別度数 | 勝率 | 連対率 | 複勝率 | 単回値 | 複回値 |
|---|---|---|---|---|---|---|---|
| サウスヴィグラス | 米 | 7-14-5-61/87 | 8% | 24% | 30% | 67 | 146 |
| ゴールドアリュール | 日 | 4-5-7-43/59 | 7% | 15% | 27% | 28 | 115 |
| ファスリエフ | 米 | 4-4-7-41/56 | 7% | 14% | 27% | 59 | 109 |
| キンシャサノキセキ | 日 | 4-6-4-22/36 | 11% | 28% | 39% | 40 | 71 |
| クロフネ | 米 | 3-6-4-25/38 | 8% | 24% | 34% | 228 | 142 |
| スウェプトオーヴァーボード | 米 | 2-3-8-44/57 | 4% | 9% | 23% | 18 | 83 |
| キングカメハメハ | 欧 | 4-6-0-41/51 | 8% | 20% | 20% | 41 | 45 |

## 母父 出現率上位データ

| 母父 | | 着別度数 | 勝率 | 連対率 | 複勝率 | 単回値 | 複回値 |
|---|---|---|---|---|---|---|---|
| サンデーサイレンス | 日 | 11-8-5-85/109 | 10% | 17% | 22% | 95 | 61 |
| フジキセキ | 日 | 7-11-4-80/102 | 7% | 18% | 22% | 39 | 102 |
| アグネスタキオン | 日 | 2-6-1-43/52 | 4% | 15% | 17% | 40 | 66 |

中京 ダ1200M

## 血統ビーム
# 亀谷敬正の見解

## アメリカの競馬場に似たコース形態で
## わかりやすいぐらいに父米国型の成績が優秀

　中京ダ1200mはJRAでは唯一のオールダートの千二の左回り。左回りで行われるアメリカのダートっぽいコースです。

　わかりやすいぐらいに父米国型の成績が優秀で、2014〜2017年の父米国型の単勝回収率は132％にも達します。複勝回収率も100％超。非常にカンタンなんです（笑）。鉄板はサウスヴィグラス、エーピーインディ系、フォーティナイナー系、ヴァイスリージェント系。母父も米国型であればパーフェクトです。

　クロフネの場合は、母父が芝血統だと芝馬になってしまうので、そこだけは気を付けてください。母父がバリバリのアメリカ血統であれば、まったく問題ありません。

　凡走からアッサリ巻き返してくれるのがアメリカ血統のいいところですので、前走着順にはとらわれる必要はなし。凡走馬も積極的に狙いましょう。

　母父が大系統サンデー系の場合、完全なる芝タイプであれば割り引きが必要ですが、ダートもいけるクチなら買えます。母馬がダートの短距離で走っていたかどうか。そこを見て判断してください。

　ちなみに、父米国型が上位3頭中2頭以上を占める確率は約50％です。

　短縮のローテーションも比較的決まりやすいコースなので、ゲートにも要注目。1桁馬番あるいは大外枠の成績が優秀で、距離短縮の該当馬が3着以内に入る確率は60％、複勝回収率は110％となっています。

　距離短縮の場合は、前走の位置取りも重要です。前走で中団より前

中京 ダ1200M

（出走馬頭数の半分より前の位置取り）に行く競馬をしていた馬が3着以内馬の80%以上を占めます。該当馬の単勝回収率は151%、複勝回収率は135%、複勝的中率は46%です。

　なお、短縮の買いパターンに当てはまる馬でも、父欧州型はやや割り引き。重、不良と発表されるような水の浮くダートでは、短縮が決まりづらいときもあるので注意してください。

---

## 亀谷敬正　中京ダ1200mのポイント

◎**サウスヴィグラス、エーピーインディ系、フォーティナイナー系、ヴァイスリージェント系に注目（母父も米国型であればパーフェクト）**

◎**米国型なら前走凡走でも積極的に狙う**

◎**母父が大系統サンデー系の場合、母馬がダートの短距離で走っていたかどうかをチェック**

◎**短縮も比較的決まりやすい（特に1桁馬番あるいは大外枠、前走で中団より前につけていた馬に注目）**

◎**ただし、重、不良では短縮が決まりづらい**

# 中京ダ1400m
chukyo dirt_1400m

## 血統ビーム
## 亀谷敬正の見解

## 前走で中団より前につけた
## 短縮馬を積極的に狙うべきコース

　距離短縮の人気薄の期待値が高いコースで、なかでも前走で中団より前（出走頭数の半分より前）の位置取りで競馬をしていた馬が狙い目になります。

　距離短縮＆前走で中団より前＆人気ランクD〜Eの複勝回収率は117%。年度別の成績も安定して優秀です。人気馬（人気ランクA〜C）でも、前走で中団より前の距離短縮馬は好走を繰り返しており、回収率は単勝、複勝ともに100%を超えています。

　ただし、小型馬はパフォーマンスが落ちるので割り引きが必要。牡馬は470キロ以上、牝馬は440キロ以上。少なくともこれくらいは欲しいところですね。

## Sample Race

### 2017年3月11日　中京6R　4歳上500万下　ダ1400m良

| 着 | 枠 | 馬番 | 馬名 | 父 | 前走コース | 位置取り | 馬体重 | 人気 |
|---|---|---|---|---|---|---|---|---|
| 1 | 4 | 8 | シベリウス | サウスヴィグラス | 東京ダ1400 | 13-14 | 452(-4) | 7 |
| 2 | 2 | 3 | ロッジポールパイン | サウスヴィグラス | 小倉ダ1700 | 3-3-3-2 | 526(+8) | 4 |
| 3 | 7 | 14 | サノノカガヤキ | カネヒキリ | 中京ダ1800 | 8-7-4-5 | 496(±0) | 5 |
| 6 | 6 | 11 | ゼロカラノキセキ | キンシャサノキセキ | 中山ダ1200 | 11-8 | 484(+4) | 1 |

単勝1,200円　複勝370円 230円 300円　枠連1,870円　馬連4,100円
ワイド1,220円 1,840円 1,050円　馬単9,440円　三連複11,110円　三連単75,560円

　1番人気のゼロカラノキセキは、このコースのポイントとは逆の延長ローテ。そして、距離短縮＆前走で中団より前に該当し、馬体重条件をクリアするのは、ロッジポールパインとサノノカガヤキの2頭のみだった。

## 亀谷敬正（かめたにたかまさ）

学生時代に『競馬王』誌上でデビューして以来、競馬予想界の革命児として「血統ビーム」をはじめ、常に斬新な発想や分析で、競馬ファン・評論家に衝撃と影響を与え続けている。著書に『血統ビーム　黄金ガイド』（小社刊）、『重賞ビーム』（KADOKAWA／エンターブレイン刊）などがある。出演中のTV番組「競馬血統研究所」「競馬予想TV!」には企画段階から参加。スポーツニッポンにも寄稿。「競馬研究所」「亀谷敬正ホームページ」にも参加中。

亀谷敬正のホームページ
**k-beam.com**
競馬研究所ホームページ
**keibaken.jp**

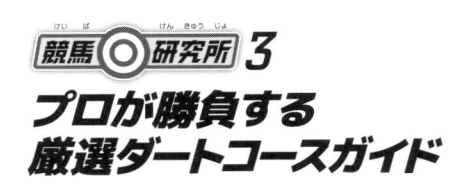

### 競馬◎研究所 3
# プロが勝負する
# 厳選ダートコースガイド

2018年2月26日初版第1刷発行

| | |
|---|---|
| 監　修 | 亀谷敬正（かめたにたかまさ） |
| 著　者 | 競馬研究所 |
| 発行者 | 慶徳康雄 |
| 装　幀 | 西郷久礼 |
| イラスト | ヤシ |
| 印刷・製本 | 暁印刷 |

| | |
|---|---|
| 発行所 | 株式会社ガイドワークス |
| 営業部 | 〒169-8578 東京都新宿区高田馬場4-28-12 |
| | ☎03-6311-7777 |
| 編集部 | 〒169-8578 東京都新宿区高田馬場4-28-12 |
| | ☎03-6311-7956 |
| URL | http://guideworks.co.jp/ |

# 競馬研究所 The Institute for Horserace

## の最新情報がコンビニのコピー機で簡単プリント！

ローソン、ファミリーマート、サークルKサンクス
※一部の店舗では当サービスはご利用いただけません。

---

## STEP 1

店舗のマルチコピー機を利用します。

## STEP 2

店舗のマルチコピー機で「コンテンツサービス」を選んで下さい。

## STEP 3

「eプリントサービス」を選んで下さい。

---

## STEP 4

「競馬、競輪、ボート、オート、宝くじ」を選んで下さい。

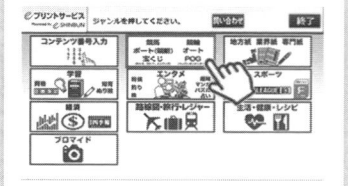

## STEP 5

「レース情報・レース予想」を選んでください。

## STEP 6

「中央競馬」を選んでください。

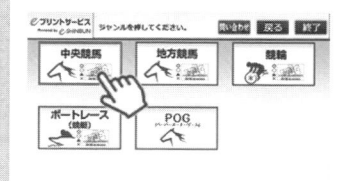

---

## STEP 7

**「競馬研究所」** を選びます。（2ページ目か3ページ目に表示される予定です）

最新の馬券理論、旬のインタビュー、
オリジナルデータ、POG情報…

# 競馬の勝ち方を読む！

最先端の儲かる理論を
発信し続ける馬券攻略誌

## 競馬王

偶数月8日発売

## 定期購読受付中！

雑誌競馬王

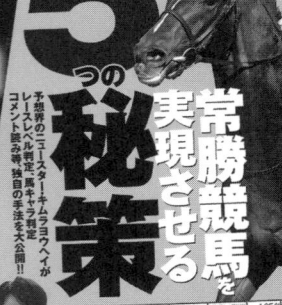

読者全員を勝たせるツールを目指し、毎週使える超実践的データを収録!!